PALESTINA

**El Vietnam de la Generación Alfa
y la palestinización del mundo**

JORGE MAJFUD

HUMANUS

SAN DIEGO-ACAPULCO

Palestina, el Vietnam de la Generación Alfa
1ra. edición, noviembre 2023.
2da. edición con Posdata 2024
© Jorge Majfud 2023
© Illegal Humanus 2023
ISBN: 978-1-956760-14-9
humanus.info
editor@humanus.com

*Lo recaudado por este libro en derechos de autor será donado a los
niños sobrevivientes del conflicto a través de organismos
internacionales acreditados por la ONU*

ÍNDICE

1 Samuel, 27 7. David vivió en territorio de los filisteos un año y cuatro meses. Subía David con su gente a hacer correrías contra los guesuritas, los guergueseos y los amalecitas, porque antiguamente éstos eran los habitantes de la región desde Telam, yendo hacia Sur y hacia Egipto. Devastaba la comarca y no dejaba con vida hombre ni mujer; se apoderaba de las ovejas, bueyes, burros, camellos y vestidos, y volvía donde Aquís. Aquís preguntaba: «¿A quiénes han atacado esta vez?» David respondía: «Al sur de Judá, o el territorio de Jerajmeel, o de los quenitas.» David no dejaba hombre ni mujer c vida, para no tener que llevarlos a Gat, pues decía: «No sea que hablen contra nosotros y nos denuncien a los filisteos.» De esta forma se comportó David todo el tiempo que habitó en el país de los filisteos.

Números 31:7-12. Y los israelitas pelearon contra Madián, tal y como el Señor se lo ordenó a Moisés, y mataron a todos sus hombres. Entre ellos mataron también a los cinco reyes de Madián, es decir, a Evi, Requén, Sur, Jur y Reba, y mataron también a filo de espada a Balaam hijo de Beor. Los israelitas se llevaron cautivas a las mujeres de los madianitas, y a sus niños, y les arrebataron todos sus bienes, lo mismo que todas sus bestias y todos sus ganados, e incendiaron todas las ciudades y aldeas donde habitaban. Recogieron todos los despojos, y todo el botín de guerra, tanto de hombres como de animales, y todo se lo llevaron a Moisés y al sacerdote Eleazar, y a la congregación de los hijos de Israel. Los cautivos, el botín y los despojos los llevaron al campamento, el cual estaba en los llanos de Moab, junto al Jordán y frente a Jericó.

"Debes recordar lo que Amalec te ha hecho, dice nuestra santa Biblia. Y nosotros sí lo recordamos y luchamos".

Benjamin Netanyahu

"BORRA LA MEMORIA DE AMALEC. NO LO OLVIDES"
Eslogan en hebreo en los autobuses Egged de Israel

"Los sionistas querían toda Palestina servida en bandeja de plata, pero no se pudo hacer de una. Habrá que hacerlo en pequeñas dosis. No podemos desalojar a seis millones de personas y reemplazarlas con otros seis millones y que todos estén contentos".

Harry Truman

"Cuando llegue la paz, quizá con el tiempo podamos perdonar a los árabes por matar a nuestros hijos, pero nos será más difícil perdonarlos por habernos obligado a matar a los suyos".

Golda Meir, primer ministra de Israel

"Las armas que se utilizan para matar palestinos son armas estadounidenses... Hamas fue promovido por Israel. Les impusimos a los palestinos un sistema para que elijan a sus líderes de forma democrática. Pero como el pueblo eligió al partido que promovíamos, ahora tenemos que matarlos".

Ron Paul, congresista por Texas.

"Tenemos a muchas personas ricas de Estados Unidos que quieren venir a poblar Gaza. En mi celular tengo quinientas. Dos millones de árabes se irán de Gaza y nosotros la ocuparemos. Ellos quieren aniquilar el Estado de Israel. Son monstruos. Sí, puedes llamarlo limpieza étnica si quieres".

Daniella Weiss, líder de los colonos.

"Dejar morir de hambre a dos millones de palestinos en Gaza sería justificado y moral".

Bezalel Smotrich, ministro de Finanzas de Israel.

"Nuestras acciones están guiadas por la Torah. Todo está escrito aquí. Dice que donde haya un asentamiento judío habrá seguridad. ¿Por qué habría de ser inmoral quitarle la tierra a alguien que quiere matarme? Mis antepasados vivieron allí".

Amihai Elyahu, ministro de Herencia

"Matamos a miles de amalecitas… ¡Moralmente, todo árabe es sospechoso! No tenemos moral. Ser moral es matar a todos los terroristas después de interrogarlos… Ser moral es arrasar y conquistar todo Israel".

Chai Ben Hamo, soldado y rabino israelí.

"La sociedad israelí se ha rodeado de muros físicos y mentales. La mayoría de los israelíes, por no decir todos, están convencidos de que nosotros somos los elegidos y, por eso, tenemos derecho a hacer lo que se nos antoja. La colonización israelí es la única que conozco de la historia donde el ocupante se hace la víctima… La misma Golda Meir dijo que después del Holocausto los judíos pueden hacer lo que quieran. Lo peor de todo es que la deshumanización de los palestinos es lo que nos permite a los israelíes vivir en paz con nuestra conciencia. Si no son humanos como nosotros, entonces no es un problema de Derechos Humanos. Una vez le pregunté al ministro Ehud Barak qué hubiese hecho él si hubiese sido palestino. 'Me hubiese unido a un grupo terrorista' me dijo… Una vez me encontré con una ambulancia detenida por una hora. Les reclamé a los soldados que jugaban backgammon si harían lo mismo si alguno de sus padres fuese el que estuviese en la ambulancia. Se pusieron furiosos porque me atreví a comparar a sus padres con un palestino".

Gideon Levy, periodista y escritor israelí

"El enemigo no es Hamás. Cada niño, cada bebé en Gaza es un enemigo. Ni un solo niño palestino debería permanecer allí"

Moshe Feiglin, diputado israelí

"¿Qué? ¿Gaza todavía existe? Entonces, ¿por qué me despiertas? Oh, ¿la borramos? Avísame cuando ya no quede nada".

Moshe Korsia, soldado y artista israelí.

"No tengo piedad de los gazatíes. No creo que haya nadie en el Estado de Israel, en la Tierra de Israel, que deba compadecerse de ellos. Ni de los adultos, ni de los ancianos, ni de los jóvenes, ni de los niños. Los gazatíes pueden morir de hambre. ¿Qué me importan? ¿Por qué deberíamos preocuparnos por ellos?"

Yaki Adamker, periodista israelí.

"¿Por qué estamos gastando nuestro dinero para construirles un puerto? No debemos gastar una moneda en ayuda huma-

nitaria. Debería ser como en Hiroshima y Nagasaki y terminar
esto de una forma rápida".

Tim Walberg, congresista de Estados Unidos.

"La campaña de 'violencia de colonos' es una mentira antisemita difundida por los enemigos de Israel con el objetivo de
desacre-ditar a los colonos pioneros y a la empresa de asentamientos, perjudicarlos y así desacreditar a todo el Estado de
Israel. Se trata de una campaña inmoral de boicot contra Israel, la que convierte a la víctima en agresor y permite que
corra la sangre de los colonos. Es una vergüenza que un gobierno coopere con esto en estos días en que los colonos pagan
con sus vidas en la guerra de Gaza. Con la ayuda de Dios, seguiré actuando con valentía para fortalecer y desarrollar los
asentamientos judíos en toda la Tierra de Israel y luchar por
una paz sostenible, que solo se logrará cuando se desvanezca
la esperanza de los árabes de establecer un estado árabe sobre
las ruinas del estado judío. Si el precio es la imposición de sanciones estadounidenses contra mí, que así sea".

Bezalel Smotrich, ministro de finanzas de Israel.

"Si apoyas el genocidio no te arrestan, te aplauden".
Medea Benjamin, activista judía contra el genocidio en Palestina.

"No hay inocentes en Gaza, no existe tal cosa. En Gaza, todos
son culpables, todos eligieron a Hamás, todos los mayores de
4 años son simpatizantes de Hamás".

Rami Igra, director del Mossad

"La palabra *apartheid* es la más precisa para describir a Palestina… No quiero conversar ni siquiera indirectamente con Dershowitz. No tengo ninguna necesidad de debatir con alguien que desconoce la situación en Palestina… En Estados Unidos no se debate nada que sea crítico con Israel".

Jimmy Carter

"El genocidio en Gaza no es en mi nombre".

Stephen Kapos, sobreviviente del Holocausto.

"Los judíos no tienen por qué jugar el juego siguiendo las reglas de todo el mundo, porque el mundo es inmoral. El mundo tiene una noción retorcida de la moral… La tierra de Israel nos pertenece porque el dios de Abraham, Isaac y Jacob nos la dio. Dios creó el mundo entero y ese día decidió darnos esa tierra a los judíos… Cuando empecemos a hablar el lenguaje de la Torá, el mundo comenzará a respetarnos. El mundo no quiere que nosotros sigamos sus propias reglas… El mundo se pone furioso cuando queremos parecernos a ellos. Ellos nos quieren al frente de la clase. Ellos quieren que nosotros seamos los líderes y les enseñemos. Pronto nos estarán suplicando 'judíos, por favor, muéstranos el camino'. Entonces no podremos volver a cometer el mismo error de hablar de democracia. Tenemos que hablar como lo que somos: el pueblo elegido de Dios. Algunos pretenden enseñarle moral a los judíos, cuando fuimos nosotros quienes trajimos la moral al mundo. Debemos aclararles que somos los elegidos de Dios y los protagonistas de la más grande historia jamás contada. Así que, señores, un poco más de respeto y humildad, y estaremos encantados de mostrarles el camino".

Berel Solomon, activista y motivador israelí

"Hay que hacer un poco de pedagogía. Cuando hablamos de crimen de lesa humanidad y crímenes de guerra no hay un problema de grados sino de esencia. Cuando una bomba causa daños colaterales sin duda morirán niños palestinos. Pero esos niños no morirán teniendo la sensación de que la humanidad los ha traicionado. Aquí lo horrible es imaginar niños israelíes que, al morir, se llevan esa última imagen de inhumanidad. Creo que debemos explicarlo porque en el mundo de las emociones se comparan cosas que no son iguales".

Céline Pina, periodista francesa

"Estamos luchando contra animals humanos".

Yoav Gallant, minisro de defensa de Israel.

"En la comunidad (judía) donde crecí, no solo responsabilizamos a los perpetuadores del Holocausto. También responsabilizamos a los testigos pasivos del genocidio, a las personas que simplemente miraban hacia otro lado y dejaban que ocurriera. Esa es la razón por la que lucho contra este genocidio (en Palestina), porque es un Crimen de lesa humanidad. Es un crimen contra todos nosotros. Esto no es un conflicto religioso. Judíos, cristianos y musulmanes vivieron en paz durante milenios en Palestina, en Jerusalén. Fue solo con la llegada de los sionistas que el conflicto estalló, y ese conflicto no era solo de los sionistas contra los palestinos. También eran los sionistas contra los judíos y los sionistas contra los cristianos. Así que ahora mismo hace falta mucha educación básica. El gobierno de apartheid de Israel debe terminar la limpieza étnica. Esto no comenzó el 7 de octubre. Esta ha sido la historia desde antes de la fundación del Estado de Israel".

Jill Stein, candidata a la presidencia de Estados Unidos

"Decir que un Estado (como Israel) tiene derecho a existir no tiene ningún sentido. Los estados no tienen derechos. Son los seres humanos quienes tienen derechos".

Aviva Chomsky, historiadora y activista

"Personalmente, me siento orgullosa de las ruinas de Gaza. Todos los bebés, incluso dentro de 80 años, contarán a sus nietos lo que hicieron los judíos".

May Golan, ministra israelí para el Avance de la Mujer

Dos niños palestinos al lado del cuerpo de su madre.
Gaza, noviembre 2023

LA LUCHA POR LOS CAMPOS SE-MÁNTICOS: LA PLUMA Y EL FUSIL

POR UN LADO, ESTÁN LOS HECHOS HISTÓRICOS que to-dos, más o menos, conocemos. Por otro lado, hay algo mucho más importante, que es la lucha dialéctica y la guerra narrativa. En otras palabras: la guerra psicoló-gica.

En el caso de la Masacre de Gaza, ésta se divide en dos grupos: (1) un grupo insiste en sus discursos (o en los hechos) de que *no todos los seres humanos son iguales*. Es una convicción medieval, pre-ilustrada. Por enton-ces, la sola idea de que la vida de un noble y la de un campesino valían lo mismo provocaba una carcajada unánime, incluso entre los campesinos. El otro grupo (2) insiste en el principio humanista de que todas las vidas valen lo mismo. Irónicamente, son estos últimos los acusados de ser racistas y de apoyar el terrorismo.

El humanismo y la Ilustración introdujeron el consenso (la idea estaba de forma difusa en los anti-guos griegos y en los primeros cristianos) de que cada vida es igualmente valiosa. Esta idea, antes absurda, se convirtió en un paradigma. Pero, en los hechos, se sigue demostrando que no todas las vidas valen lo mismo. La frase "todos los hombres son iguales" refinada en la Declaratoria de la Independencia de Estados Unidos, fue, a un mismo tiempo, una verdad teórica y una mentira práctica. Quienes la escribieron creían en la superioridad de "la raza blanca", eran esclavistas y nunca dejaron de serlo.

Aunque los de abajo lograron tomar (siempre por la fuerza o a través de alguna lucha desigual contra el poder de turno) muchos derechos en base al principio de la igualdad, la evidencia de los hechos no ha cambiado mucho. Cuando en enero de 2015 un grupo terrorista asesinó a 12 personas en París, una decena de líderes de todo el mundo, desde Nicolas Sarkozy, François Hollande y Angela Merkel hasta benjamín Netanyahu y Mahmoud Abbas marchó del brazo por las calles de parís. Al frente de la misma marcha iba el presidente de Malí, Ibrahim Keita y el presidente de Nigeria, Mahamadou Issoufou. El mundo se embanderó con el lema "Je suis Charlie".

Casi simultáneamente, Boko Haram asesinaba a cientos de personas en Nigeria, luego de otras masacres cometidas en ese mismo país el año anterior, con una estimación de 6.000 víctimas. No hubo marchas. No hubo lágrimas. La prensa apenas lo reportó. Eran negros y, tal vez peor que eso, eran pobres y vivían en uno de esos "países de mierda", en definición del presidente Donald Trump.

Los muchos cientos de millones de muertos de los imperios occidentales casi no se mencionan en los libros de historia y mucho menos en los grandes medios.

¿POR QUÉ EL GENOCIDIO EN GAZA ES IGUAL Y ES DIFERENTE A TANTOS OTROS?

LOS DEFENSORES DEL GENOCIDIO EN PALESTINA argumentan que no se trata de un genocidio y que, además, hubo otros genocidios iguales o peores en el pasado reciente. De deshumanizar a las víctimas masacradas bajo las bombas o ejecutadas cada día con absoluta impunidad, pasan a amenazar y criminalizar a sus críticos. El instrumento tradicional es acusarlos de antisemitas y luego ponerlos en listas negras para que pierdan sus trabajos o los expulsen de sus países de residencia, como ha ocurrido múltiples veces. Uno de los servicios de extorsión, aparte de los casi infinitos recursos de la CIA y el Mossad, consiste en diferentes archivos de acoso, como el más recientemente reconocido por el gobierno de Estados Unidos, el *doxing* Canary Mission (en este caso, para criminalizar estudiantes y profesores críticos con Israel), y una pluralidad de acciones que un día se conocerán más en detalle por filtrados o por desclasificación de documentos, como suele ocurrir y en los cuales descubriremos nombres, tanto de críticos y activistas enlistados para la extorsión y la muerte civil, como de colaboradores mercenarios y honorarios, aquellos que se ofrecen gratuitamente para castigar a individuos honestos a través de los mayores poderes del mundo, porque su mediocridad y cobardía nunca lograron hacerlo por sus propios méritos—alguno de los cuales ya conocemos nombres.

Claro que hubo otros genocidios en la historia. En el caso de la Era Moderna, la mayoría y los peores genocidios que sumaron millones de víctimas suprimidas de forma intencional o planificada tuvieron a los grandes imperios noroccidentales como perpetuadores o principales aliados. Sobre esto ya hemos escrito años atrás.

Tomemos, por ejemplo, uno de los peores genocidios de las últimas generaciones, el genocidio en Ruanda. Durante tres meses, las milicias hutus de Ruanda, protegidos por el gobierno de Jean Kambanda, masacraron a los tutsis y hasta algunos miembros de la misma etnia hutu que se encontraban en el medio. Como no podía ser de otra forma, este genocidio fue alentado y dirigido por la ideología de extrema derecha de Hutu Supremacy, quienes se consideraban racialmente superiores a los tutsis y, como consecuencia, con derecho a eliminarlos de la faz de la Tierra. Como forma de justificar su derecho ancestral a la tierra, los hutus echaron mano a mitos sobre la existencia de un pueblo hutu en Ruanda antes de la llegada de los Tutsi desde Etiopía. Luego impusieron un apartheid en las principales instituciones del Estado, como la educación y el ejército. Luego criminalizaron a cualquier hutu que tuviese amistad con un tutsi o se atreviese a defender su humanidad. Los estudios sobre estos pueblos bantú indican diferencias genéticas y étnicas irrelevantes, si lo comparamos con el resto de los pueblos vecinos.

En mayo de 1994, la ONU impuso un embargo de armas contra el gobierno supremacista y genocida de Kambanda y su ministro de defensa Théoneste Bagosora. Este embargo fue violado por los gobiernos de Francia y por el Apartheid de Sud África en sus últimos meses de existencia. En junio, coincidentemente con la llegada al poder de Nelson Mandela en Sud África, los cascos azules de la ONU entraron en Ruanda y el genocidio terminó en menos de un mes. Años después, Bill Clinton se arrepintió de no haber hecho nada por detener este genocidio, a pesar de que las intervenciones de Washington, como las europeas, nunca le pidieron permiso a nadie. De hecho, sí hizo algo: el Consejo de seguridad de la ONU ordenó la retirada de sus fuerzas de paz antes del genocidio y Washington se negó a usar la palabra "genocidio" mientras el genocidio se producía sin restricciones y pese a las protestas de varios grupos humanitarios en todo el mundo, incluidos militares como el general canadiense Roméo Dallaire.

Aproximadamente medio millón de tutsis fueron asesinados con la intención de ser aniquilados como pueblo o removidos de sus tierras en beneficio de la etnia dominante. Es decir, una cifra aproximada a la que se estima en el caso de Palestina sólo en los últimos años, si no nos remontamos a la primera Nakba de 1946 a 1948 y la constante guerra contra los palestinos en Palestina que, desde entonces y sin treguas, dejó en promedio 1500 palestinos muertos por año, aparte de los despojados de sus tierras y de sus derechos humanos por colonos armados y aparte de los secuestrados por el mismo ejército israelí, entre ellos miles de niños.

La diferencia entre el genocidio en Gaza y otros genocidios donde se cuentan igualmente cientos de miles de muertos es clara.

Aunque la ideología supremacista de Poder Hutu llevaba muchos años fermentando, el genocidio en Ruanda ocurrió en un plazo de tres meses.

Ni sus ideólogos ni quienes lo llevaron a cabo estaban todos los días y todos los años y década tras década sermoneando en los medios más poderosos del mundo para que nadie reconociera que en Ruanda se estaba cometiendo un genocidio.

Nadie en el mundo repetía la excusa de Hutu Suremacy de que Ruanda tenía derecho a defenderse y menos que masacrar niños, hombres y mujeres de todas las edades, todos los días, era parte de ese derecho.

A diferencia de los sionistas, los supremacistas hutu no tenían periodistas estrella en los principales canales y medios de comunicación en todo el mundo, comentando las noticias con una bandera de Ruanda sobre el escritorio, justificando la violencia contra los tutsis y criminalizando su resistencia como terroristas antibantúes.

Aparte de los hutus en Ruanda, ningún grupo ni ninguna iglesia en Berlín, en Atlanta, en San Pablo, en Buenos Aires, en Lagos o en Nueva Delhi justificaban a los hutus ni rezaban por su seguridad, a pesar de que eran cristianos.

El primer ministro Jean Kambanda no viajaba a Washington a dar discursos en el Congreso. No recibía aplausos de pie de los legisladores apoyando su proyecto supremacista para que votasen leyes criminalizando a los defensores de los derechos tutsis en Occidente o imponiendo juramentos de lealtad a Ruanda para poder ocupar un cargo público o recibir ayuda ante alguna catástrofe climática.

Kambanda no era recibido por cada uno de los presidentes de Estados Unidos para asegurarse billones de dólares en apoyo financiero, militar, mediático y moral.

El Hutu Supremacy no tenía el lobby más poderoso de Occidente financiado a cada político ganador en Estados Unidos, ni los representantes del pueblo tenían banderas de Ruanda a la entrada de sus oficinas. Ninguno, como el senador Rafael (Ted) Cruz y tantos otros, declaró que su principal misión en Washington era proteger a Ruanda.

Ni Théoneste Bagosora ni el Hutu Supremacy eran incondicionalmente apoyados por la mayoría de los países europeos ni por el presidente de la Comisión Europea, a pesar de que Europa había matado más millones de africanos en África que judíos en el Holocausto durante la Segunda Guerra y que, de igual forma, debería sentir un remordimiento al menos tan profundo por los pueblos africanos como por los pueblos judío y gitano.

Ni los estadounidenses ni los alemanes ni los argentinos que tenían banderas tutsis eran arrestados y golpeados por la policía de sus países civilizados, ni eran acusados de inspirar el odio anitbantú, a pesar de que tanto hutus como tutsis son pueblos bantúes.

Ningún presidente de Estados Unidos amenazó desde la Casa Blanca con secuestrar y enviar a un campo de concentración en El Salvador a todos aquellos que criticasen a Ruanda, porque criticar a Ruanda era ser antiestadounidense.

Los gobernadores en Estados Unidos no les enviaban comunicados a los profesores universitarios prohibiéndoles usar palabras como *genocidio*, *tutsi*, o *supremacismo hutu*. No les pedían a los estudiantes que grabaran a los profesores ni el gobierno federal usaba agentes enmascarados para secuestrar en las calles a los estudiantes que escribían artículos en defensa de los derechos humanos de los tutsis.

Los profesores de Filosofía Moral o de Estudios Africanos no cancelaban sus cursos sobre Historia del Pueblo Tutsi o sobre Derechos Humanos en Ruanda por temor a perder sus trabajos, ya sea por despido, cancelación de contrato violando las normas que regulan sus *tenure* (permanencia), por la depresión arbitraria de sus salarios o por el miedo a no conseguir empleo en otras instituciones, una vez despedidos.

Ni siquiera el apartheid de Sud África tenía el poder de dictarle a los presidentes y senadores de las mayores potencias del mundo, como Europa y Estados Unidos, lo que debían decir y hacer.

Los genocidas de Ruanda no eran dueños de los mayores capitales financiaron del mundo como Black Rock, JP Morgan o Barclays. No tenían negocios con las mayores tecnológicas de espionaje y manipulación de la opinión pública, como Palantir. No decidían decenas de elecciones alrededor del mundo, como Team Jorge. No tenían la Agencia Secreta más poderosa y más letal del mundo, ni trabajaban en colaboración con las otras dos mayores agencias secretas del mundo.

Jean Kambanda no estuvo en el poder tres décadas sino tres meses y fue juzgado y condenado por genocidio. También fueron condenados a décadas de prisión sus ministros, militares, ideólogos del supremacismo hutu y periodistas por genocidio, por crímenes de lesa humanidad, por incitación o por apología del genocidio.

Repugnante como cualquier otro genocidio, el genocidio en Ruanda no fue ni la causa ni la consecuencia de una sistemática *ruandarización* del mundo, donde el debate y el disenso fueron reemplazados por la violencia y por la política de la crueldad.

Por el acoso sordo del poder.
Por la razón ciega de los bombarderos.

Por el triunfo del racismo, de la xenofobia y del sexismo.

Por la prostitución del amor.

Por la comercialización del odio.

Por el miedo a ser y a sentir.

Por el miedo a pensar diferente.

Por la dopamina de la tribu y el sabor de la sangre.

Por la manipulación de las ideas y de las emociones.

Por la ingeniería social del hambre.

Por la necesidad como de instrumento de control.

Por la esclavitud voluntaria.

Por el fanatismo religioso.

Por la adoctrinación de las masas.

Por la ilusión de la libertad individual.

Por la santificación del más poderoso.

Por la criminalización del más débil.

Por la militarización de la policía.

Por la politización de la justicia.

Por el látigo que educa al esclavo.

Por la admiración al esclavista.

Por la ley del psicópata que no alcanza a distinguir el bien y el mal y lo reemplaza por lo único que le produce alguna emoción: ganar o perder.

El genocidio de Ruanda ocurrió en Ruanda. El genocidio en Palestina ocurre en Gaza y en cada oficina, en cada esquina de cada ciudad, en cada dormitorio de cada país.

HAMÁS ATACA ISRAEL

SEGÚN UNA NOTA MENOR del Washington Post, entre enero y setiembre de 2023, 227 palestinos fueron asesinados por las fuerzas militares de Israel y por sus colonos, que de forma impune suelen desalojar a los palestinos de sus casas y de sus granjas. Cuando no los matan, los secuestran bajo cualquier acusación con base al criterio de los soldados y del derecho israelí. Estas 227 muertes pasaron desapercibidas. No hubo marchas ni indignación de los medios ni de los poderosos líderes del mundo. Nunca importaron. Eran *nadies*, eran animales, eran números, eran *nada*.

Luego del trágico 7 de octubre (seguirían muchos días mucho más *trágicos* que no serán adjetivados obligatoriamente como tales), aquellos que desde el principio condenaron las acciones bélicas de Hamás y del Gobierno de Israel han sido acusados de estar "a favor del terrorismo" por aquellos que solo condenan a Hamás y justifican el terrorismo masivo, histórico y sistemático del Gobierno de Israel.

Que la frontera más vigilada del mundo se deje invadir por un grupo de rudimentarios terroristas y que la respuesta del cuarto ejército más poderoso del mundo haya demorado horas es tan poco creíble como que 22 años atrás unos estudiantes saudíes de aviación hayan derribado las dos torres más vigiladas del mundo secuestrando aviones comerciales en los aeropuertos más vigilados del mundo. Además de tardarse horas en reaccionar, cuando lo hacen, sus pilotos en super aviones con super tecnología no alcancen a distinguir a los terroristas de Hamas de sus propios ciudadanos. Semanas después, en un pretendido gesto de objetiva honestidad, el gobierno de Israel reconoció que las víctimas habían sido 200 menos de las reportadas, ya que inicialmente habían contado cuerpos calcinados ajenos como si fueran propios, lo que significa un reconocimiento implícito de una matanza indiscriminada por parte de la aviación propia que no reconoció víctimas propias de terroristas ajenos. El ejército de Israel dice saber todo de los túneles debajo de hospitales que bombardea sin piedad, pero no sabía nada de un cruce de los militantes de Hamas en busca de rehenes…

Luego, la brutal reacción "de defensa contra los terroristas" que va dejando más de 11 mil inocentes masacrados, casi la mitad de ellos niños (significativamente, casi la mitad de la población de Gaza son menores), sin contar los miles de desaparecidos bajo los escombros y los dos millones de inocentes con el más profundo Trastorno de Estrés Postraumático (TEPT) que se pueda imaginar. Cantera de "terroristas", si las hay.

Se bombardean áreas enteras, incluidos hospitales, escuelas y campos de refugiados bajo la excusa de que allí podría haber terroristas. La inteligencia israelí que no supo prever ni evitar la breve invasión de Hamás el 7 de octubre, afirma que sabe todo lo que ocurre en el subsuelo palestino. La culpa de que tantos niños palestinos mueran es de los terroristas de Hamás que los usan de escudo. Como lo resumió al célebre primer ministra Golda Meir medio siglo atrás, "nunca podremos perdonarles a los árabes por obligarnos a matar a sus hijos". A esta lógica genocida y profundamente terrorista hemos llegado en nombre de (1) Dios, (2) la democracia, (3) la defensa propia y (4) la lucha contra el terrorismo.

En este momento, aparte del principio unilateral del "derecho a defenderse", los reclamos pro-israelíes se centran en la liberación de los rehenes que quedan en manos de Hamas. Algo que apoyamos abiertamente. Pero ¿por qué no hablamos también del secuestro sistemático de palestinos por parte del ejército de Israel? Varios miles de ellos languidecen en las cárceles de Israel sin juicio y bajo la acusación de insultar o desobedecer las órdenes arbitrarias de sus soldados. O por tirar piedras al Cuarto Ejército más poderoso del

mundo. El mismo embajador israelí Gilat Erdan Miles, en un alegato en la ONU, levantó un ladrillo para
demostrar la agresión de los palestinos. ¿A qué distancia puede un niño, o un adulto, arrojar semejante bloque de hormigón con una sola mano? Muchos de los
encarcelados son menores, es decir, secuestrados por
un Estado extranjero, como es el caso más reciente de
la joven Ahed Tamimi, junto con otros 7.000 rehenes
palestinos que no son llamados así para no herir la sensibilidad del Occidente democrático y civilizado.

Ahora, dejemos por un momento las contingen-
cias históricas del presente y detengamos en los con-
ceptos centrales de este conflicto que no es sólo
regional sino global—por sus causas y por sus consecuencias.

SIONISMO

EL SIONISMO SE ORIGINÓ en la Inglaterra imperial del siglo XVII. Sus promotores fueron cristianos protestantes que creían que la segunda llegada de Jesús ocurriría en 1666, luego del retorno del pueblo hebreo a Palestina y su aceptación de Jesús como el Mesías. Es decir, luego de la conversión de los judíos al cristianismo. Nada nuevo.

Según la historiadora israelí y experta en sionismo de la Universidad de Tel Aviv Anita Shapira, los evangélicos sionistas transmitieron esta idea a algunas comunidades judías a mediados del siglo XIX, a pesar de la resistencia de los mismos rabinos a un nacionalismo judío desde principios de ese siglo. Según las últimas estadísticas, actualmente el sionismo está compuesto por un judío por cada treinta cristianos.

Los principales anti sionistas, desde sus orígenes, fueron judíos. Aún hoy lo son. Cuando los mismos palestinos se han hecho a la idea de una solución de dos estados, los judíos ortodoxos anti sionistas reclaman el desmantelamiento de *todo* el Estado de Israel, el cual consideran antijudío. Para ellos, el "regreso del pueblo hebreo" a su tierra no es un hecho político y menos militar, sino un milagro de Dios. Como dice un dicho popular, "los sionistas no creen en Dios, pero están seguros de que fue él quien les dio la tierra".

En la actualidad, uno de esos grupos de judíos anti sionistas es el Neturei Karta, fundado en Jerusalén en 1938. Por entonces, Hitler apoyaba la idea sionista como una forma de limpieza étnica voluntaria, algo muy similar a lo que ocurrió con los negros en Estados Unidos, luego de que Lincoln los convirtiese en ciudadanos con derecho a voto: muchos fueron "enviados de vuelta" a Haití y a África, donde fundaron Liberia. Algo similar a lo que pretende Netanyahu y sus apologistas con la molesta población palestina: que se vayan, que busquen refugio en algún otro país. De hecho, la diáspora palestina, de aproximadamente diez millones, desde hace más de dos décadas supera el número de palestinos en Palestina.

Otros judíos ortodoxos anti sionistas viven al norte de Jerusalén, en el barrio Mea Shearim, el cual tuve la oportunidad de visitar en los 90s, cuando parecía que judíos y palestinos estaban cerca de lograr un acuerdo. Días después de que dejé Palestina e Israel (luego de dos horas de interrogatorio en el aeropuerto de Tel Aviv), un fanático de extrema derecha asesinó al Primer Ministro Yitzhak Rabin, logrando su objetivo de destruir cualquier esperanza de convivencia.

De la misma forma que en el siglo IV los cristianos dejaron de ser perseguidos para convertirse en persecutores con su oficialización por parte del brutal emperador Constantino, los judíos (perseguidos, expulsados y demonizados por los cristianos en Europa por siglos) se convirtieron en persecutores luego de la Segunda Guerra mundial.

En 1975, la Asamblea General de la ONU determinó, en su Resolución 3379, que el "sionismo es una forma de racismo y discriminación". Esta resolución fue revocada en 1991 como condición de Israel para su participación en la Conferencia de Paz en Madrid, la cual llevó a los Acuerdos de Oslo. Luego de una década, también estos acuerdos fracasaron, debido a que la realidad los asentamientos ilegales iba en dirección contraria a todas las promesas de independencia palestina.

El pueblo judío ha sobrevivido en la diáspora dos mil años en Asia, África, Europa y América. Ha sido expulsado y perseguido decenas de veces, sobre todo en Europa y en Estados Unidos antes de 1945. Nunca ha sido quebrado moralmente hasta que el Estado de Israel logró hacerlo.

ANTISEMITISMO

A LO LARGO DE CASI TODO EL SIGLO XX, sobre todo después del Holocausto judío y de la creación de Israel, la acusación de "antisemita" se convirtió en una de las etiquetas más temidas por cualquier crítico de las políticas del gobierno de Israel. Este absurdo procede de la confusión estratégica entre sionismo y judaísmo. De la misma forma, todos los nacionalismos siempre secuestraron a pueblos diversos identificando *sus* decisiones políticas con un país entero. En tiempos de guerra, cualquier crítica fue y es vista como antipatriótica, ya que todo se reduce a la vulgar y criminal dicotomía de "ellos o nosotros".

Benjamín Netanyahu justifica la propiedad de la tierra en base a un místico linaje étnico-racial que va más allá de los dos mil años. Quienes se oponen son calificados de *antisemitas*, lo cual es una referencia racial o, por lo menos, étnica. No sin ironía, Netanyahu y la mayoría de los israelíes tienen menos de *semitas* que los palestinos. Los israelíes modernos tienen tanto de semitas como los sionistas tienen de religiosos. Varios estudios genéticos han demostrado que aproximadamente la mitad del linaje genético de los

judíos puede remontarse al antiguo Oriente Medio y
la otra mitad a Europa.

Los palestinos no sólo son más semitas que los israelíes, sino que son el grupo genético más cercano a
los judíos modernos. Sin embargo, han sido calificados por diversos integrantes del gobierno de Netanyahu como "animales de dos patas" y no pocos
israelíes los consideran bestias inhumanas o, por lo
menos, humanos de una casta inferior—solo que deben sufrir de una violencia física y moral mucho peor
que los intocables en India. ¿Qué hay más antisemita
que esto hoy en día? Es la vieja estrategia que aplicaron
los nazis contra los judíos en Europa: primero deshu-
maniza, llámalos *ratas*; luego suprime, como se supri-
men ratas. Nada de esto es considerado antisemitismo,
vaya el Diablo a saber por qué.

Una trágica paradoja más. Esta identificación del
judaísmo con el semitismo y con el Estado de Israel ha
desacreditado (cuando no criminalizado) a las izquier-
das en todo el mundo, convirtiéndolas en el objetivo
principal de las acusaciones de antisemitismo. Cualquier posición humanista que no vea ninguna diferencia de valor y de derecho entre la vida de un palestino
y un israelí y se proteste abiertamente es automáticamente etiquetada de *antisemitismo*.

A ese absurdo hemos llegado. Al mismo tiempo, las extremas derechas se han convertido en bastiones proisraelíes. Basta con considerar la extrema derecha en Estados Unidos con su supremacismo blanco e, incluso, con diversos grupos neonazis, históricos campeones del antisemitismo. O la extrema derecha en Brasil, como el clan del expresidente Bolsonaro, obsesionado con las banderas israelíes y su causa evangélica—todo vuelve al origen. O el candidato a la presidentica en Argentina, el ultraderechista Javier Milei, hondeando banderas de Israel en sus actos políticos. O, en momentos en que millones de personas marchan por todo el mundo en protesta contra la masacre en Gaza, en Paris Marine Le Pen, líder histórica de la ultraderecha francesa integrada por neonazis y fascistas, y Jordan Bardella, presidente del partido de ultraderecha Agrupación Nacional, organizan una marcha "contra el antisemitismo" de aquellos que se atreven a denunciar la brutalidad del cuarto ejército más poderoso del mundo sobre una población civil sin ejército y sin derecho a anda.

Una paradoja es una contradicción aparente con una rígida lógica de base. Claro que el actual pánico de los imperios decadentes no es sólo de la extrema derecha. Céline Pina, asistente parlamentario en el Senado de Francia, militante del *Parti socialiste* (PS),

quien en 2016 comparó el velo islámico con un braza-
lete nazi, tomó natural partido en el conflicto de Gaza.
Su razonamiento es una copia de todos los imperios
occidentales que devastaron y asesinaron a cientos de
millones de asiáticos, africanos y latinoamericanos,
siempre en nombre de la civilización, del Mundo Libre y, una vez más, contra la invasión de las razas inferiores: *"una bomba que explota, destruye y causa daños
colaterales, sin duda matará a niños (palestinos). Pero estos niños no morirán teniendo la sensación de que la humanidad los ha traicionado. Todo lo que eran, tienen
derecho a esperar. Lo que es horrible aquí es imaginar que
los niños (israelíes) de 8, 9, 10 años, que esas pobres mujeres murieron llevándose como última imagen una imagen
de inhumanidad, de atrocidad y desprecio por lo que eran.
Aquí es donde está el crimen contra la humanidad"*. Todos los panelistas que la acompañaban en la TV Francesa estuvieron de acuerdo.

Según el físico Hajo Meyer, sobreviviente de
Auschwitz y judío anti sionista "en las escuelas de Israel se enseña racismo contra los palestinos, se adoc-
trina sobre el Estado, la sangre y la tierra, igual que los
nazis me enseñaron en Alemania. El sionismo es una
ideología nacionalista, racista y colonialista". En 2006,
Mayer fue acusado de antisemita en Alemania por

comparar la ocupación israelí de los territorios palestinos con el régimen nazi.

OTRO PUEBLO ELEGIDO

Según una encuesta de PEW, el 70 por ciento en Israel se cree elegido de dios. El 17 por ciento ni siquiera creen en Dios. Claro que esta elección habría ocurrido miles de años atrás, pero, a juzgar por las creencias y las políticas impuestas a fuerza de aviones cazas F-35 Lightning, esta preferencia sería hereditaria. Según las mismas encuestas, el diecisiete por ciento de los israelíes no cree en Dios—pero esto es un detalle.

La idea de ser parte de un pueblo elegido no es muy diferente a la idea de ser un profeta elegido por Dios o, aún más, ser un hijo de Dios. Sin embargo, desde un punto de vista moral y sociológico, hay diferencias abismales en sus prédicas y en sus prácticas.

Vamos por partes. La idea de profeta que domina el mundo hunde sus raíces en la cultura griega: profeta es aquel que puede predecir el futuro. En el Antiguo Testamento, los profetas no tenían nada que ver con esto. El profeta era aquel que, sin miedo y sin adulación se atrevían a señalarle a su pueblo sus pecados morales. Profetas como Amos eran claros en su crítica sobre la avaricia de la clase dominante y sobre la inmoralidad de las injusticias sociales. Para gran parte de la tradición cristiana, Jesús es el Hijo de Dios, pero no es difícil entenderlo también en esta misma línea. Jesús también fue un profeta que no ahorró críticas a las faltas morales y a la hipocresía de su propio pueblo. Por algo fue ejecutado como un reo común, junto con otros dos criminales de la época por el imperio de la época y por los colaboracionistas criollos del momento.

Ahora, su afirmación de ser el Hijo de Dios fue considerada por entonces demasiado arrogante como, de hecho, lo es que un pueblo se considere "el pueblo elegido de Dios". Idea sugerida en el quinto y último libro de la Torah, el Deuteronomio, cuando el egipcio Moisés preparaba a su pueblo para entrar en tierra Prometida. Este libro, en realidad, fue escrito siglos después del violento ingreso y conquista de la tierra cananea.

Sin embargo, en el caso de Jesús, su afirmación no se traducía en un derecho especial para oprimir a otros pueblos, sino lo contrario. Aparte de recomendar un amor democrático e indiscriminado, incluido amor a sus propios enemigos, Jesús afirmaba haber venido para sacrificarse por los pecados ajenos. Mito o realidad, la idea no tiene nada de egocéntrica o genocida, sino todo lo contrario.

El problema surge cuando la arrogancia de considerarse el *pueblo elegido* por (su) Dios implica *derechos especiales* y, además, el derecho de oprimir a algún otro pueblo. Pretensión que, además, en términos históricos, no es algo muy especial ni muy exclusivo.

Esta idea de ser "el pueblo elegido de dios" ha sido la norma en todas las auto narraciones nacionalistas de una gran cantidad de otras culturas. Por ejemplo, Huitzilopochtli, el dios guerrero de los mexicas (luego aztecas) le había ordenado a su pueblo elegido emprender un éxodo hacia el Sur en búsqueda de la Tierra Prometida. Allí donde viesen un águila matando una serpiente sobre un nopal sobre un lago debían tomar posesión. Claro que esta tierra ya estaba poblada y hubo que aplicar la regla del desalojo por mandato divino bajo la convicción de que eran ellos el *pueblo elegido*.

En otro continente, como para no extenderme demasiado, la religión tradicional del pueblo masái del este de África sostiene que el dios Supremo y único, Ngai, los ha elegido para pastorear todo el ganado del mundo. Naturalmente, esta creencia se ha utilizado para justificar el robo de ganado a otras tribus.

Aun aceptando lo inaceptable (que un pueblo tenga derechos especiales sobre otro por haber sido elegido por su propio dios), cabría la posibilidad de preguntarse: ¿Haber sido elegido por Dios, significa poseer el derecho de oprimir y decidir sobre otros? ¿Es el Creador del Universo un bárbaro nacionalista que odia al resto de su propia creación?

Según la "Declaración de principios del judaísmo conservador" de la Asamblea Rabínica Sinagoga Unida de América que tuvo lugar en 1988 en Nueva York, la condición de pueblo elegido por Dios "lejos de ser una licencia para un privilegio especial, implica responsabilidades adicionales, no sólo hacia Dios sino también hacia nuestros semejantes… Nos obliga a construir una sociedad justa y compasiva en todo el mundo y especialmente en la tierra de Israel".

No conozco ningún caso de un pueblo que crease una religión y afirmase que el pueblo elegido por su dios eran sus vecinos. Que lo dijeran los cristianos caucásicos se debió a que su nueva religión surgió de la misma tradición, de los mismos libros hebreos. Claro que no iban a renunciar al canon ancestral de considerarse, a su vez, los elegidos. El cristianismo se apoderó de este privilegio de ser preferido de Dios a través de la demonización del original pueblo elegido: aquí el verdadero antisemitismo.

En una entrevista de 1981, el estudioso de los mitos Joseph Campbell dijo que, para él, la idea de un pueblo elegido era "un mito anacrónico de otro tiempo" donde el héroe adquiere un carácter colectivo. Fue acusado de antisemita.

"TENEMOS DERECHO A DEFENDERNOS CONTRA LOS TERRORISTAS"

ESTE DERECHO NO CORRE para los ocupados sino para los ocupantes. Como dijo el periodista israelí Gideon Levy, "no conozco en la historia ninguna fuerza de ocupación que se haya presentado a sí misma como víctima de los ocupados".

El ministro de patrimonio de Israel, Amichai Eliyahu, piensa diferente: "Todos aquellos que ondean una bandera de Palestina no deben seguir viviendo en este planeta". Días antes, había propuesto arrojar una bomba atómica sobre Gaza, a pesar de que Israel insiste en que no posee esas cosas o no sabe cuántas tiene.

La declaración de la ONU (Resolución 37/43 de la Asamblea General, 1982) reconoce y *"reafirma la legitimidad de la lucha de los pueblos por la independencia, la integridad territorial, la unidad nacional y la liberación de la dominación colonial y extranjera por todos los medios disponibles, incluida la lucha armada"*. No obstante, cualquier resistencia de los pueblos nativos, cualquier resistencia palestina ha sido siempre calificada por los más poderosos medios como "terrorista". Exactamente la misma distinción que Estados Unidos e

Inglaterra otorgaron por décadas a Nelson Mandela y al Congreso Nacional Africano por sabotear el Apartheid de Sud África, régimen racista y opresor definido por Ronald Reagan en 1982 como "un aliado del Mundo Libre". El mismo Nelson Mandela, en su visita a Gaza en 1999 fue claro al recordar su lucha contra el apartheid: "debemos elegir la paz antes que la confrontación, excepto cuando no hay salida; entonces, si la única alternativa es la violencia, usaremos la violencia".

¿Los Palestinos no tienen derecho a defenderse tomando las armas? ¿Por qué no? El gobierno israelí ha dicho que los 11.000 muertos inocentes en Gaza (hasta ahora) no son inocentes. Que los multimillonarios bombardeos a los hospitales se deben a que debajo existen túneles de Hamás y eso justifica la masacre de los inocentes que están siendo tratados allí, incluso afirmando que "no hay inocentes". ¿Por qué Hamás no podría decir lo mismo, sobre todo considerando que los israelíes tienen servicio militar obligatorio y suelen ir armados con AK-47 o similares hasta cuándo van de compras a sus modernos y pulcros *malls*?

Para un humanista, es una lógica deprimente que se pueda aplicar a un lado o al otro de la maldita frontera. De hecho, un principio básico indica que una ley es moral cuando además de reivindicarla para nosotros la extendemos a los otros. No lo es para los fanáticos que se consideran con derechos especiales por ser elegidos de Dios. No lo es para los poderosos que la aplican todos los días su inalcanzable brutalidad sobre los "animales de dos patas". Cuando la practican esos animales, es terrorismo, y quienes no sufren esa brutalidad, pero tienen un mínimo de coraje para cuestionar esta lógica genocida, automáticamente son demonizados como "antisemitas" o como "apologistas del terrorismo". Esto, aparte de terrorismo de Estado, es terrorismo psicológico y mediático que se ejerce a lo largo y ancho en los ya seniles imperios modernos.

Para los fanáticos racistas, "nosotros somos especiales". Somos "verdaderos seres humanos", y ellos, "los palestinos, son animales" que deben ser exterminados. Esto no es una interpretación. Lo dijo el Primer ministro de Israel Benjamín Netanyahu de forma explícita en uno de sus mensajes televisados, citando a un pueblo destruido hace dos milenios y medio, según la tradición bíblica, Amalec: "*Ve, ataca a Amalec y destruye por completo todo lo que tiene, y no te apiades de él; mata a hombres y mujeres, a niños y a bebés, a bueyes y a ovejas, a camellos y a asnos*" (1 Samuel 15:3). Expertos en los textos bíblicos sostienen que Amalec nunca existió, pero para el caso esto es un detalle irrelevante. Como debería serlo casi todos los argumentos basados en manipulaciones religiosas para asentar el Derecho Internacional de unos pueblos a oprimir a otros.

NUESTRO VIETNAM

POCO DESPUÉS DE INICIADA la tan deseada destrucción de Gaza por parte de un primer ministro acosado por las denuncias de corrupción y de golpe de Estado judicial y parlamentario, Netanyahu advirtió por televisión a Irán: "lo mejor que pueden hacer es guardar silencio".

¿De dónde procede esta arrogancia geopolítica sino del poder militar y financiero que todavía se estructura sobre el antiguo orden de los agonizantes imperios modernos? Durante los primeros días de la nueva masacre palestina, Occidente liberó 16.000 millones de dinero iraní, secuestrado en Estados Unidos, para que ese país no se metiera en lo que no le importa.

Existen muchas otras razones exógenas a la tragedia de los miles de niños masacrados solo en Gaza. Una especulación no probada aún (y a mi juicio algo débil) consiste en que Israel quiere retomar el proyecto del Canal de Ben Gurion. Este proyecto fue estudiado y detallado en los años 50 y pretendía unir el norte de Gaza con el Mar Rojo a fuerza de bombas atómicas para competir con el Canal de Suez, nacionalizado por Gamal Abdel Nasser en 1956, lo que llevó a un largo conflicto. Por entonces, Gran Bretaña,

Francia e Israel atacaron a Egipto para recuperar el control del canal. Según Netanyahu, en realidad el proyecto de unir la frontera norte de Gaza con el Mar Rojo sería más bien una línea de tren de alta velocidad. Quién sabe.

Otra especulación, con mayor apoyo factual, señala el descubrimiento de gas y petróleo en las costas de Gaza. Aún más probable resulta la explicación del actual candidato a la Casa Blanca, el demócrata Robert Kennedy Jr.: "Israel es un baluarte para nosotros… es casi como tener un portaaviones en Medio Oriente. Si Israel desaparece, Rusia, China y los BRICS controlarán el 90 por ciento del petróleo del mundo y eso sería un cataclismo para la seguridad nacional de Estados Unidos". La fuerza de este argumento radica en que es suficiente.

Meses antes mencionábamos sobre un "terremoto geopolítico" que no ha sido registrado por la gran prensa. No es necesario ser muy listo para advertir que la reconfiguración del poder geopolítico moviéndose de Occidente a Oriente traerá diversas reconfiguraciones y conflictos, desde África y América Latina hasta la por el momento olvidada guerra de la OTAN en Ucrania. El conflicto israelí-palestino ha sido clave desde hace casi un siglo y lo será aún más.

Es más que probable que los servicios de inteligencia estadounidenses, europeos e israelíes tengan este dato caliente sobre la mesa. No creo que haya un mínimo espacio para la duda. Los documentos desclasificados para entonces, si queda alguno, revelarán que la idea y el objetivo más urgente es el siguiente: el mundo será mucho más difícil de manipular a nuestro favor en 2040; así que, hagamos lo que podemos hacer ahora que podemos, o renunciemos a nuestros objetivos para siempre. Entre esas urgencias está el uso y abuso de la creación de dólares antes que la divisa verde sea abandonada como divisa global y refugio del miedo ajeno. Antes que el abuso del recurso inaugurado por Richard Nixon en 1971 genere una hiperinflación aún mayor a la producida en los 70s, en el país que emite y administra la ficción monetaria para mantener al resto en estado de endeudamiento y producción.

El conflicto israelí-palestino es otro de esos objetivos urgentes antes de perder el control absoluto. Es decir, estamos en un escenario de múltiples "soluciones finales", estilo Alemania perdiendo la Segunda Guerra, pero a una escala mucho mayor y a lo largo de un tiempo mayor. Como solución a la crisis humanitaria de Gaza, Israel propone, sin pudor, que los palestinos sobrevivientes a la masacre sean recibidos como refugiados en otros países, confirmando el plan original de limpiar el área de esos incómodos animales.

Como es la norma, las encuestas fraguadas se venden como pan caliente. Los manipuladores no solo hackean las opiniones de los pueblos sino, cuando éstas no son lo que se espera, hackean los resultados. Algunas suelen ser más confiables por la trasparencia de su metodología. Una de esas encuestas de 2021, realizada por el Instituto del Electorado Judío (JEI) entre votantes judíos, reveló que una cuarta parte de los encuestados coincidieron en que Israel es un Estado de apartheid. Para 2023, según PEW, la mayoría de los judíos estadounidenses no apoyaba la ayuda incondicional a Israel y solo estaban dispuestos a respaldar los miles millones de dólares que Washington envía cada año a Tel Aviv bajo la condición de que esta ayuda no se utilice para promover la ocupación israelí de los territorios palestinos. Como bien dice el dicho, de buenas intenciones está empedrado el camino al infierno.

Como consecuencia de la masacre en curso de los gazaríes, diferentes grupos judíos se organizaron y marcharon en protesta contra la brutalidad de Israel. Decenas que se manifestaban en Nueva York contra los más de diez mil muertos en Gaza, fueron arrestados. Otras decenas de *Jews For Ceasefire* (Judíos por el alto al fuego) fueron arrestados por protestar frente al consulado israelí de Chicago. Entre estos grupos están los judíos anti sionistas hasidistas.

Palestina será el Vietnam de la nueva generación en Occidente. Como Vietnam, no cambiará la geopolítica global, porque ésta recorrerá otros caminos, pero cambiará la forma en que una generación percibe la narrativa dominante. El cambio radical tomará más tiempo y sobrevendrá con al nuevo equilibrio o desequilibrio geopolítico a partir de mediados de este siglo. Más bien antes.

LOS NAZIS DE NUESTRO TIEMPO NO USAN BIGOTE

No deja de ser una trágica ironía de la historia que aquellos que desde el principio condenaron las acciones bélicas de Hamas y del gobierno de Israel sean acusados de estar a favor del *terrorismo* por aquellos que solo condenan a Hamas y justifican el terrorismo masivo, histórico y sistemático del gobierno de Israel.

Afortunadamente, cientos de miles de judíos (sobre todo en el hemisferio norte) han tenido el coraje que no han tenido evangélicos o laicos políticamente correctos y previsibles de salir a las calles y a los centros del poder mundial a aclarar que *el Estado de Israel y el judaísmo no son la misma cosa*, confusión básica, estratégica y funcional que radica en el centro del conflicto y beneficia solo a unos pocos con la complicidad fanática e ignorante de muchos otros.

De hecho, decenas de miles de judíos estudiosos de libros sagrados del judaísmo como la Torá han afirmado que el judaísmo es anti sionista. Muchos dirán que es materia de opiniones, pero no veo por qué su opinión deba ser menos importante que la del resto de charlatanes belicosos.

Ha sido este pueblo judío, que sabe que su convivencia con los musulmanes ha sido, por siglos, mucho mejor que esta tragedia moderna, quienes han gritado en Washington y Nueva York "No en nuestro nombre", "Paren el genocidio del Apartheid" y no en pocos casos han sido arrestados por ejercer su libertad de expresión, que en las democracias imperiales siempre fue la libertad de aquellos que no eran tan importantes como para desafiar el poder político, como lo demuestra, por ejemplo, la libertad de expresión en tiempos de la esclavitud. Pero a estos pertenecerá la dignidad otorgada por la historia.

Cuando vuelva la luz a Gaza y el mundo se entere qué ha hecho uno de los ejércitos nucleares más poderosos del mundo, con la complicidad de Europa y Estados Unidos, sobre un gueto sin ejército y un pueblo sin derecho a nada más que respirar, cuando puede, se enterará de que no son miles sino decenas de miles de vidas tan valiosas como las nuestras, aplastadas por el odio racista y mecánico de gente enferma, unas pocas de ellas con mucho poder político, geopolítico, mediático y financiero, que es, en definitiva, lo que gobierna el mundo. Naturalmente, la propaganda comercial tratará de negarlo. La Historia no podrá. Será implacable, como suele serlo cuando las víctimas ya no molestan más.

Muchos callarán, temblorosos de las consecuencias, de las listas negras (periodistas sin trabajo, estudiantes sin becas, políticos sin donaciones, como lo han informado hasta medios como el New York Times), del estigma social que sufren y sufrirán aquellos que se atreven a decir que no hay ni pueblos ni individuos elegidos por Dios ni por el Diablo, sino meras injusticias del poder desatado.

Que una vida vale tanto y lo mismo que cualquier otra.

Que el pueblo palestino (con una población ocho veces la de Alaska, cuatro o cinco veces la de otros estados de Estados Unidos) arrinconado en un área invivible, tiene los mismos derechos que cualquier otro pueblo sobre la superficie de la esfera planetaria.

Que los palestinos, hombres, mujeres y niños aplastados por las bombas indiscriminadas, no son "animales sobre dos patas", como afirma el primer ministro Netanyahu (si fueran perros al menos serían tratados mejor). Ni los israelíes son "el pueblo de la luz" luchando contra "el pueblo de las tinieblas".

Que los palestinos no son terroristas por nacer palestinos, sino uno de los pueblos que más ha sufrido la deshumanización y el constante asedio, robo, humillación y asesinato impune por ya casi un siglo.

Pero éstos, quienes se atreven a protestar por una masacre histórica, una de las tantas, son, vaya casualidad, los acusados de apoyar el terrorismo. Nada nuevo. Así han procedido siempre los terroristas de Estado en todas partes del mundo, a lo largo de toda la historia y bajo banderas de todos los colores.

PALESTINA: LA HISTÓRICA (Y ESTRATÉGICA) DESHUMANIZACIÓN DE UN PUEBLO[1]

EL 4 DE DICIEMBRE DE 1832, el presidente Andrew Jackson, conocido (donde lo conocían bien) con el apodo de Mata Indios, dio un bonito discurso en el Congreso de su país. *"Sin duda"* dijo *"el interés de la República es que las nuevas tierras sean ocupadas lo antes posible. La riqueza y la fuerza de un país radica en su población, y la mejor parte de esa población son los granjeros. Los agricultores independientes son, en todas partes, la base de la sociedad y son los verdaderos amigos de la libertad… Los indios fueron completamente derrotados y la banda de descontentos fue expulsada o destruida… Aunque debimos actuar con dureza, fue algo necesario; nos agredieron sin que nosotros los provocásemos, y esperamos que hayan aprendido para siempre la saludable lección"*.

"Nos agredieron sin que nosotros los provocásemos", "fuimos atacados primeros", "debimos defendernos…" Estas frases se repetirán a lo largo de los

---

[1] Mayo 2021

siglos por venir y movilizarán, con extremo fanatismo, a millones y millones de patriotas.

Un siglo y medio después, en mayo de 1971, el más famoso actor y productor de *westerns*, propagandista de la supremacía blanca y amante de las armas, John Wayne, afirmó en una entrevista para la revista *People* que las reservas de indios en Estados Unidos eran un vicio socialista. Nadie es responsable de lo que ocurrió en el pasado, dijo, cuando "*había mucha gente que necesitaba tierras y los indios querían quedarse con ellas de una forma egoísta*".

No se trataba de tribus dispersas sino de naciones organizadas, tan populosas como los colonos que defendían sus fronteras propias pero empujaban sin límite las fronteras ajenas, y ambas cosas eran hechas con orgullo y fanatismo patriótico. Nunca importaron ni las vidas de las razas inferiores ni los múltiples tratados firmados con aquellos que poseían tierras más atractivas que sus mujeres. El país de las leyes violó todas las leyes, incluso las suyas propias cuando trató de despojar de algún bien material al vecino. Todo lo hizo en nombre de la Libertad, de la Democracia, de Dios y de alguna interpretación bíblica traída de los pelos, como lo fue el mito del Destino manifiesto.

Ni los indios podrán usar una Biblia para reclamar que las tierras les pertenecen porque sus

antepasados la poseyeron por siglos, ni los negros podrán reclamar una compensación por haber construido un país y una estructura que perpetuó los
guetos, la discriminación y los privilegios de color
hasta el día de hoy. Ni los latinoamericanos podrán
reclamar las cientos de toneladas de oro y las miles de
toneladas de plata que enriquecieron Europa y que
aún duermen en los bancos centrales para estabilidad
del desarrollo de los civilizados. Por no entrar en detalles como el guano o la herencia de sociedades patéti-
cas en América latina, consolidadas en una estructura,
una cultura y una mentalidad colonial y colonizada.

El conflicto palestino-israelí no es muy diferente,
porque la naturaleza humana no es diferente. Como
no es diferente la estrategia de confundir al judaísmo
y al sufrido pueblo judío, a lo largo de siglos, con el
Estado de Israel y su poderoso aparato propagandís-
tico, que es aún más impresionante que su multimillo-
nario poder militar, apoyado por billones de dólares
anuales de las arcas de Washington. No pocos caen en
esa trampa de las banderas, traicionando una trágica
historia de miles de años de oponerse a los poderes de
turno—y de sufrirlos. Olvidan, por ejemplo, que uno
de los períodos más largos y más prósperos del pueblo
judío en Europa se debió a la protección de los musulmanes en España por casi ocho siglos, el que terminó

con su expulsión y persecución cuando sus protectores
árabes fueron derrotados por los cristianos en 1492. El
islam toleró y aceptó a los judíos a pesar de que no
reconocían a Jesús (sagrado para el Islam) como un
profeta verdadero. Los fanáticos cristianos no. No to-
leraron ni a unos ni a otros: unos por creer en
Mahoma y los otros por no creer en Jesús.

No todos caen en la trampa. Mis incontables amigos judíos, por ejemplo, son demasiado cultos e inteligentes como para tragarse esta artimaña. Lo mismo
varias comunidades judías en Europa y en Estados
Unidos, las cuales tienen el valor de decir no al apartheid en medio Oriente, "no en nuestro nombre". En
América latina, la actitud es diferente, tal vez por las
mismas razones que llevan a su clase dirigente a pulir
monumentos sin leer sus nombres. Las confusiones
nacionalistas son estratégicas y siempre sirven, como
el patriotismo de los colonos, a los de arriba.

En el más reciente conflicto en Cananea (una es-
caramuza, comparada con la inagotable lista de tragedias sumadas desde el siglo XX), en un par de días ya
van 30 palestinos y tres israelíes muertos. Como de
costumbre, un tercio de los palestinos muertos son niños, pero dicen que eran terroristas. Los presidentes
como el de Uruguay, Lacalle Pou, no se hicieron esperar. Lentos para casi todo, no dudaron en solidarizarse

sólo con un lado del conflicto. El lado de la seguridad. No hace falta saber que no es el lado que ha puesto más muertos, porque esa es una tradición en Gaza, el mayor gueto del mundo, y una tradición de muchos cristianos que avergonzaría al mismo maestro que dicen seguir: ser duros con los de abajo y blandos con los de arriba. Es tan penoso vivir defendiendo al más fuerte, que da vergüenza ajena.

La lógica está clara: el derecho a la defensa propia sólo se aplica a algunos pueblos; no a todos.

El derecho a tener un país, con sus leyes y sus instituciones independientes, sólo se aplica a un pueblo.

La solidaridad de los poderosos y sus mayordomos sólo se aplica a un pueblo.

Por si fuese poco, se aplica la misma fórmula de siempre: se corta la historia de ataques y reacciones por el lado más conveniente y se llama defensa a la provocación, al acoso y a la opresión.

Por supuesto, toda vida perdida es de lamentar. De un lado y del otro. Pero por eso mismo, señores. Por eso mismo, señores presidentes, algunos queremos saber: ¿los palestinos, niños, hombres y mujeres, no existen? ¿Sólo los hombres y mujeres de a pie se solidarizan con ellos? ¿Cuesta tanto tener un poquito de dignidad humana y olvidarse de las banderas y de que algunos todavía matan en nombre de Dios y por razones más materiales?

No, claro, los palestinos nunca existieron. Tienen la doble condición de ser invariablemente terroristas y de no haber existido nunca. Una verdadera proeza ontológica.

Señores en el vano y vergonzoso poder de turno: no les pregunto de qué tienen miedo porque es algo demasiado obvio. También es obvio que no le importa a la hora de elegir el lado del poder y la seguridad, pero sepan que la historia será implacable.

Si les importa un carajo la historia, pero les pesa la Biblia, sólo imaginen por un momento que Jesús pudo haberse salvado de convertirse en otro rebelde ejecutado por el imperio de turno. Sólo tenía que solidarizarse con Poncio Pilatos, con los fariseos, con los maestros de la ley, y con el excelentísimo Emperador y General Tiberios.

HEBA ABU NADA HA SIDO ASESINADA HOY

UNA DE LAS POETAS Y NOVELISTAS feministas de Gaza más talentosas, Heba Abu Nada, era la autora de la novela «El oxígeno no es para los muertos». Ayer 21 de octubre escribió: «Si morimos, sepan que estamos satisfechos y firmes, y digan al mundo, en nuestro nombre, que somos personas justas/del lado de la verdad». Su último poema, escrito ayer antes de ser asesinada en medio del genocidio de Israel contra Palestina, dice:

La noche en la ciudad es oscura
excepto por el brillo de los misiles
silenciosa,
excepto por el sonido del bombardeo
aterradora,
excepto por la promesa tranquilizadora de la oración
negra,
excepto por la luz de los mártires.
Buenas noches.

GOOGLE, YOUTUBE Y LA MORALFARE[2]

EN MARZO DE 2022, UN MES DESPUÉS del inicio de la guerra en Ucrania, el gigante Google, dueño de YouTube, advirtió a los productores de contenido (aunque con derechos cosméticos, son los principales empleados de la super plataforma; quienes logran al menos 1.000 subscriptores y 4.000 horas de visualizaciones reciben el primer dólar) que tengan cuidado con sus productos audiovisuales y se abstengan de expresar alguna idea u opinión que *"explota, descarta o aprueba"* la guerra en Ucrania.

Naturalmente, ninguna de estas advertencias fue nunca ejercida para las guerras lideradas por la OTAN, ni siquiera las más recientes en Medio Oriente y Noráfrica. Por el contrario, la brutal invasión de Irak en base a "información falsa" y narrativas para niños, la que dejó un millón de muertos, millones de desplazados y medio continente sumido en el caos más violento que se hubiese podido imaginar, fue apoyada por estos mismos medios en base, por ejemplo, al

_____

[2] Octubre 2022

"*Patriot Act*" aprobado en Washington en octubre de 2001, por el cual ni siquiera estaba permitido publicar las fotos de los muertos propios retornando al país ni los muertos ajenos hundiéndose en el olvido; por otra parte, se exigía que cada reporte "desde el lugar de los hechos" fuese acompañado con la repetida referencia al ataque de las Torres Gemelas. Por no mencionar guerras más recientes, masacres, bombardeos sistemáticos de drones, matanzas ocultadas a la opinión pública, rebeliones inoculadas o secuestradas, magnicidios de dictadores o líderes rebeldes, como el de Muamar el Gadafi, y más violaciones en curso de los derechos humanos por parte de gobiernos poderosos, como los abusos y exterminios en masa de los pueblos en Yemen, Siria y Palestina.

Una forma sutil y por demás efectiva de censura de los pequeños y grandes productores de contenido cultural, de entretenimiento o de noticias en YouTube, consistió en la mejor estrategia de censura que cualquier sistema democrático o dictatorial conoció en los últimos siglos, desde el Panóptico de Jeremy Bentham en el siglo XVIII hasta el miedo de los usuarios de que la CIA o la NSA y otras agencias secretas estén vigilando sus actividades en Internet, pasando por innumerables dictaduras, como las dictaduras militar-capitalistas en América Latina durante el siglo XX.

En este caso, la autocensura comenzó con la amenaza, por parte de Google y YouTube, de una *desmonetización*. Es decir, eres libre de pensar lo que quieras, pero si dices algo con lo cual no estamos de acuerdo, dejaremos de pagarte por tu trabajo y no hay gremio que pueda defenderte. De hecho, es lo que le ocurrió a muchos de los periodistas independientes en la plataforma, algunos de los cuales son mis amigos.

En otras palabras, las mega plataformas, nacidas y con residencia legal en Estados Unidos, no respetan siquiera la constitución de su país, la cual, en su Primera enmienda, garantiza la libertad de expresión, sin importar si ésta es la expresión del KKK o de los nazis, neonazis y renazis. Hecho que resulta en una grave contradicción al derecho extraterritorial de las mismas leyes estadounidenses que se aplican, incluso, en países como China, en las instalaciones de compañías como Apple o Microsoft, como si tuviesen inmunidad diplomática.

Google remató su amenaza con el siguiente sermón moral, propio de la doble vara de las grandes potencias y de las grandes corporaciones: las políticas de la empresa se violan cuando, por ejemplo, se publica *"contenido peligroso o despectivo... que incite a la violen-*

cia o niegue eventos trágicos" en Ucrania. Si existe
un *lawfare*, está claro que los poderosos de siempre
han inventado un *moralfare* (sobre todo en empresas
privadas que escriben sus propias leyes) para secuestrar
principios caros a los de abajo.

Las víctimas son víctimas en cualquier caso (desde
el Sahara hasta Madrid, desde Libia hasta Paris, desde
Sud África y el Congo hasta Londres y Bruselas, desde
Guatemala y Chile hasta Washington, desde Siria y Palestina hasta Ucrania), pero la *moralfare* se usa solo
para compadecerse y apoyar con toda la fuerza de los
medios, la propaganda y la narrativa internacional, a
unas víctimas e invisibilizar a otras.

La mafia de las corporaciones del Primer Mundo
son un pulpo con tentáculos globales y todas tienen
un factor común: *dinero, medios y poder*. La selección
de Rusia fue excluida del mundial de fútbol de Catar
de 2022, sin que nadie se horrorice por los 7.000 inmigrantes muertos para preparar la fiesta mundial del
fútbol en esa petrodictadura del Golfo Pérsico, donde,
como en Arabia Saudita, no hay espacio para la indignación de las mujeres oprimidas ni indignación de las
mujeres de la OTAN por razones mediáticas y estratégicas. La misma FIFA fue cómplice del fascismo italiano que hizo posible la obtención de los
campeonatos de fútbol en 1934 y 1938; el mismo caso

de Argentina 1978, cuando la brutal dictadura del general Videla no fue castigada sino premiada por la mafia internacional. Estados Unidos participó del mundial de 2002 en Corea del Sur y Japón, pese a los masivos bombardeos, torturas y masacres en Irak.

En 2011 el jugador de fútbol del Sevilla, Frederic Kanouté, fue sancionado por mostrar su apoyo al pueblo palestino. Apenas iniciada la guerra en Ucrania, todas las transmisiones de los partidos de la popular y poderosa La Liga española fueron acompañadas sin tregua por una bandera de ese país al lado del cronómetro, como forma de solidaridad ante la agresión de un país más fuerte (los medios informan de una guerra de *Rusia contra Ucrania*, no la más obvia guerra de *Rusia contra la OTAN*). Clubes de fútbol europeos, como el Atlético de Madrid, iluminaron sus estadios con los colores de la bandera ucraniana, por lo cual recibieron felicitaciones por su acto de heroísmo y solidaridad con los Derechos Humanos. Lo mismo ocurrió en otros estadios, como el Wembley de Inglaterra. En muchos partidos de la también poderosa Premier League de Inglaterra, los jugadores fueron obligados a entrar al campo de juego con la bandera ucraniana, como signo de neutralidad deportiva.

Como lo estableció y practicó el padre de la propaganda moderna, Edward Bernays, la mejor forma de

administrar una democracia es diciéndole a los ciudadanos lo que deben pensar. *"La manipulación consciente e inteligente de los hábitos y opiniones organizados
de las masas es un elemento importante en una sociedad
democrática"*. Según un informe de la Unión Estadounidense por las Libertades Civiles (ACLU) publicado
en 2022, *"la Corte Suprema de los Estados Unidos reconoció en 1936 que 'un público informado es la más poderosa
de todas las restricciones contra los abusos del gobierno. Sin
embargo, hoy en día, gran parte de los asuntos de nuestros
gobiernos se llevan a cabo en secreto. Existe una multitud
de agencias secretas, de comités secretos del Congreso, tri-
bunales secretos e, incluso, existen leyes secretas. Este estado
secreto en permanente expansión representa una amenaza
seria a la libertad individual y socava la misma noción de
gobierno de, por y para el pueblo"*.

POR DERECHO DIVINO[3]

A PRINCIPIOS DE MARZO de 2010, en medio de la visita a Israel del vicepresidente de Estados Unidos, Joe Biden, el gobierno israelí anunció nuevos planes de construcción en los territorios ocupados de Palestina en Jerusalén este.

El anuncio, que no fue el primero ni el último, provocó la reacción de Estados Unidos. El 13 de marzo la secretaria de estado, Hillary Clinton, calificó el anuncio expansionista como un insulto.

En respuesta, Hagai Ben-Artzi, el cuñado del primer ministro Benjamín Netanyahu, reaccionó en defensa propia, declarando desde la radio del ejército que el presidente estadounidense era "antisemita, anti-israelí y anti-judío" y le pidió a su suegro que diga "no" a las interferencias estadounidenses. Sobre todo, las injerencias del doctor Obama, a quien "no sólo no le gusta el primer ministro, sino que tampoco le gusta la gente de Israel".

El primer ministro Netanyahu rectificó los dichos de su cuñado en un comunicado oficial: "Tengo una profunda gratitud por el compromiso del presidente

---

[3] Marzo 2010

Obama con la seguridad de Israel, el cual ha expresado muchas veces".

Sin embargo, Ben-Artzi se vio obligado a hacer lo mismo, aunque extraoficialmente, afirmando que él sí "conoce las opiniones sobre Obama" de su cuñado, el primer ministro, pero no puede divulgar lo que "dice en conversaciones privadas".

Días después de lo que las agencias noticiosas calificaron como la peor crisis en décadas entre Estados Unidos e Israel, el primer ministro israelí viajó a Estados Unidos para entrevistarse con el presidente Obama. En medio de esta entrevista sin cámaras ni grabadores extraoficiales, la noticia de un nuevo plan de construcción en otra área en disputa en Jerusalén sorprendió al presidente norteamericano y al mismo ministro israelí.

El presidente se molestó con la noticia del plan y el ministro se molestó con la noticia. Acusó a la izquierda israelí de haberla filtrado y de no poner los intereses de Israel ante cualquier cosa.

Poco más tarde, el 22 de marzo, en un discurso ante uno de los lobbies más poderosos del mundo, el Comité de Asuntos israelí-estadounidense, el primer ministro Netanyahu fue muy claro: "La paz no se puede imponer desde afuera. Solo es posible a través de negociaciones directas en las cuales creamos un

ambiente de confianza mutua" ("Peace cannot be im-
posed from the outside. It can only come through di-
rect negotiations in which we develop mutual trust.")

Lo que demuestra que el problema palestino es un
asunto interno de Israel.

Según los autores de *The Israel Lobby and U.S. Fo-
reign Policy* (2007), los profesores John Mearsheimer
(University of Chicago) y Stephen Walt (Harvard University), el Comité de Asuntos israelí-estadounidense
es uno de los lobbies de mayor poder en Washington.
"El lobby no desea un debate abierto porque éste podría llevar al pueblo americano a cuestionar el nivel de
apoyo que le ofrece [al gobierno de Israel]. Consecuen-
temente, las organizaciones pro-israelíes trabajan duro
para influir en las instituciones que se encargan de dar
forma a la opinión pública […]. La mayor dificultad
que ha encontrado el lobby ha sido al tratar de sofocar
el debate en los campus universitarios […] Lo que más
preocupa son los esfuerzos que han hecho los grupos
judíos para presionar al Congreso para que establezca
mecanismos de monitoreo sobre los dichos de los profesores".

John Mearsheimer y Stephen Walt concluyen
que, "ninguna discusión sobre este lobby estaría com-
pleta sin un análisis de una de sus principales armas:
la acusación de antisemitismo".

Claro que es posible que este estudio haya sido escrito por la influencia del antisemitismo.

El gobierno de Israel ejerce el legítimo derecho a su autodefensa, especialmente contra aquellos palestinos que en sus discursos niegan la existencia de Israel. Uno de los mecanismos de esta autodefensa consiste en aceptar en los discursos la existencia de Palestina y negarla de hecho en la práctica.

Sin duda Israel un día permitirá que el pueblo palestino tenga su propio país, su propio Estado, su propia ley. Pero eso será, quizás, cuando el Estado de Israel no se sienta amenazado.

En su discurso americano, el primer ministro Netanyahu expresó que "de la misma forma que los palestinos esperan que Israel reconozca un Estado palestino, nosotros esperamos que los palestinos reconozcan un Estado judío" (*"just as the Palestinians expect Israel to recognize a Palestinian state, we expect the Palestinians to recognize the Jewish state."*)

Todo lo que demuestra que el correcto uso del lenguaje es más importante que cualquier incorrección práctica, como lo es la colonización por la fuerza para crear un ambiente de confianza, o la suspensión de derechos humanos de pueblos que son hostiles a las buenas intenciones de los primeros ministros.

También es posible que estos últimos sean argumentos de fanáticos violentos, de jóvenes palestinos que arrojan piedras, de viudas terroristas que ponen bombas, de milicias armadas que tiran cohetes contra campesinos israelíes amenazando la existencia del Estado israelí y que desde enero de 2009 ya han matado a un campesino tailandés.

Y lo que es peor y menos conveniente que las piedras, tal vez estos sean argumentos de intelectuales, muchos de ellos judíos, que están influenciados por las malas ideologías y de vez en cuando se atreven a criticar las acciones del gobierno de Israel, que es la expresión de la opinión de su pueblo en primera instancia y de la voluntad de Dios en última.

La única verdad es que, como ha dicho el primer ministro Benjamín Netanyahu, el pueblo judío construyó Jerusalén hace tres mil años. Los indicios o evidencias arqueológicas que afirman una edad anterior a este poblado no son tenidos en cuenta, no solo porque no proceden de las escrituras sagradas sino porque además el relato científico no se refiere a una ciudad sagrada sino a un asentamiento cananeo.

Algunos cambios se han hecho desde entonces, como en México D.F. luego que Dios entregó Tenochtitlán a Hernán Cortes y al catolicismo.

Algunos templos no existen más en Jerusalén. Otros se han construido en su lugar o encima. También se han agregado algunas viviendas, algunas torres, se han asfaltado algunas calles, se han agregado algunos semáforos. En fin, se han hecho algunos arreglos en los últimos dos mil años en que Palestina y Jerusalén estuvieron ilegalmente en manos de persas, griegos, romanos y árabes.

Claro que estos últimos pueblos no cuentan. Lo que cuenta es quien estuvo primero. Exceptuando aquellos infieles cananeos que habitaban Palestina antes que el pueblo de Moisés arribara y tomara posesión por mandato divino.

En su discurso ante el Comité israelita, el primer ministro Netanyahu informó: "*Mi primer nombre es Benjamín. Este nombre tiene mil años de antigüedad. Benjamín se llamaba el hijo de Jacob. Uno de los hermanos de Benjamín se llamaba Shimon, el que viene a ser el mismo nombre de mi buen amigo, Shimon Peres, el Presidente de Israel. Hace aproximadamente cuatro mil años Benjamín, Shimon y sus diez hermanos recorrieron esas colinas de Jerusalén. El pueblo judío construyó Jerusalén hace tres mil años y ahora lo está construyendo de nuevo*".

Todo lo cual, tal vez, está en concordancia con el Antiguo Testamento:

"Entonces Jehová dijo a Moisés: No le tengas miedo, porque en tu mano lo he entregado, a él y a todo su pueblo, y a su tierra; y harás de él como hiciste de Sehón rey de los amorreos, que habitaba en Hesbón. E hirieron a él y a sus hijos, y a toda su gente, sin que le quedara uno, y se apoderaron de su tierra". (Números, 21:34, 35)

Después fue América.

EL LENTO SUICIDIO DE OCCIDENTE[4]

"La lucha no es —ni debe ser— entre orientales y occidentales; la lucha es entre la intolerancia y la imposición, entre la diversidad y la uniformización, entre el respeto por el otro y su desprecio o aniquilación. Lo que hoy está en juego no es sólo proteger a Occidente contra los terroristas, de aquí y de allá, sino —sobre todo— es crucial protegerlo de sí mismo. Bastaría con reproducir cualquiera de sus monstruosos inventos para perder todo lo que se ha logrado hasta ahora en materia de respeto por los Derechos Humanos. Empezando por el respeto a la diversidad. Y es altamente probable que ello ocurra en diez años más, si no reaccionamos a tiempo". (2002)

ALGUNAS CELEBRIDADES del pasado siglo XX, demostrando una irreversible decadencia senil, se han dedicado a divulgar la famosa ideología sobre el "choque de civilizaciones" —que ya era vulgar por sí sola— empezando sus razonamientos por las conclusiones, al mejor estilo de la teología clásica. Como lo es la afirmación, apriorística y decimonónica, de que *"la*

---

4 Montevideo, 8 de enero de 2002

*cultura occidental es superior a todas las demá*s" y que, como si fuese poco, es una obligación moral repetirlo.

Desde esa Superioridad Occidental, la famosísima periodista italiana Oriana Fallaci escribió, recientemente, brillanteces tales como: "Si en algunos países las mujeres son tan estúpidas que aceptan el chador e incluso el velo con rejilla a la altura de los ojos, peor para ellas. (…) Y si sus maridos son tan bobos como para no beber vino ni cerveza, ídem." Caramba, esto sí que es rigor intelectual. "¡Qué asco! —siguió escribiendo, primero en el *Corriere della Sera* y después en su best seller "La rabia y el orgullo", refiriéndose a los africanos que habían orinado en una plaza de Italia— ¡Tienen la meada larga estos hijos de Alá! Raza de hipócritas". "Aunque fuesen absolutamente inocentes, aunque entre ellos no haya ninguno que quiera destruir la Torre de Pisa o la Torre de Giotto, ninguno que quiera obligarme a llevar el chador, ninguno que quiera quemarme en la hoguera de una nueva Inquisición, su presencia me alarma. Me produce desazón". Resumiendo: aunque esos negros fuesen absolutamente inocentes, su presencia le produce igual desazón. Para Fallaci, esto no es racismo, es "rabia fría, lúcida y racional". Y, por si fuera poco, una observación genial para referirse a los inmigrantes en general: "Además, hay otra cosa que no entiendo. Si realmente son tan pobres, ¿quién les da el dinero para el viaje en los aviones o en los barcos que los traen a Italia? ¿No se los estará pagando, al menos en parte, Osama bin Laden?" ...Pobre Galileo, pobre Camus, pobre Simone de Beauvoir, pobre Michel Foucault.

De paso, recordemos que, aunque esta señora escribe sin entender —lo dijo ella—, estas palabras pasaron a un libro que lleva vendidos medio millón de ejemplares, al que no le faltan razones ni lugares comunes, como el "yo soy atea, gracias a Dios". Ni curiosidades históricas de este estilo: "¿cómo se come eso con la poligamia y con el principio de que las mujeres no deben hacerse fotografías. Porque también esto está en el Corán", lo que significa que en el siglo VII los árabes estaban muy avanzados en óptica. Ni su repetida dosis de humor, como pueden ser estos argumentos de peso: "Y, además, admitámoslo: nuestras catedrales son más bellas que las mezquitas y las sinagogas, ¿sí o no? Son más bellas también que las iglesias protestantes" Como dice Atilio, tiene el Brillo de Brigitte Bardot. Faltaba que nos enredemos en la discusión sobre qué es más hermoso, si la torre de Pisa o el Taj-Mahal. Y de nuevo la tolerancia europea: "Te estoy diciendo que, precisamente porque está definida desde hace muchos siglos y es muy precisa, nuestra identidad cultural no puede soportar una oleada migratoria compuesta por personas que, de una u otra forma, quieren cambiar nuestro sistema de vida. Nuestros valores. Te estoy diciendo que entre nosotros no hay cabida para los muecines, para los minaretes, para los falsos abstemios, para su jodido medievo, para su jodido chador. Y si lo hubiese, no se lo daría" Para finalmente terminar con una advertencia a su editor: "Te advierto: no me pidas nada nunca más. Y mucho menos que participe en polémicas vanas. Lo que tenía que decir lo dije. Me lo han ordenado la rabia y el orgullo". Lo cual ya nos había quedado claro desde el comienzo y, de paso, nos niega uno de los fundamentos de la democracia y de la tolerancia, desde la Gracia antigua: la polémica y el derecho a réplica —la competencia de argumentos en lugar de los insultos.

Pero como yo no poseo un nombre tan famoso como el de Fallaci —ganado con justicia, no tenemos por qué dudarlo—, no puedo conformarme con insultar. Como soy nativo de un país subdesarrollado y ni siquiera soy famoso como Maradona, no tengo más remedio que recurrir a la antigua costumbre de usar argumentos.

Veamos. Sólo la expresión "cultura occidental" es tan equívoca como puede serlo la de "cultura oriental" o la de "cultura islámica", porque cada una de ellas está conformada por un conjunto diverso y muchas veces contradictorio de otras "culturas". Basta con pensar que dentro de "cultura occidental" no sólo caben países tan distintos como Cuba y Estados Unidos, sino irreconciliables períodos históricos dentro de una misma región geográfica como puede serlo la pequeña Europa o la aún más pequeña Alemania, donde pisaron Goethe y Adolf Hitler, Bach y los *skin heads*. Por otra parte, no olvidemos que también Hitler y el Ku-Klux-Klan (en nombre de Cristo y de la Raza Blanca), que Stalin (en nombre de la Razón y del ateísmo), que Pinochet (en nombre de la Democracia y de la Libertad) y que Mussolini (en su nombre propio) fueron productos típicos, recientes y representativos de la autoproclamada "cultura occidental". ¿Qué más occidental que la democracia y los campos de concentración? ¿Qué más occidental que la declaración de los Derechos Humanos y las dictaduras en España y en América Latina, sangrientas y degeneradas hasta los límites de la imaginación? ¿Qué más occidental que el cristianismo, que curó, salvó y asesinó gracias al Santo Oficio? ¿Qué más occidental que las modernas academias militares o los más antiguos monasterios donde se enseñaba, con refinado sadismo, por iniciativa del papa Inocencio IV y basándose en el Derecho Romano, el arte de la tortura? ¿O todo eso lo trajo Marco Polo desde Medio Oriente? ¿Qué más occidental que la bomba atómica y los millones de muertos y desaparecidos bajo los regímenes fascistas, comunistas e, incluso, "democráticos"? ¿Qué más occidental que las invasiones militares y la supresión de pueblos enteros bajo los llamados "bombardeos preventivos"?

Todo esto es la parte oscura de Occidente y nada nos garantiza que estemos a salvo de cualquiera de ellas, sólo porque no logramos entendernos con nuestros vecinos, los cuales han estado ahí desde hace más de 1400 años, con la única diferencia que ahora el mundo se ha globalizado (lo ha globalizado Occidente) y ellos poseen la principal fuente de energía que mueve la economía del mundo —al menos por el momento— además del mismo odio y el mismo rencor de Oriana Fallaci. No olvidemos que la Inquisición española, más estatal que las otras, se originó por un sentimiento hostil contra moros y judíos y no terminó con el Progreso y la Salvación de España sino con la quema de miles de seres humanos.

Sin embargo, Occidente también representa la Democracia, la Libertad, los Derechos Humanos y la lucha por los derechos de la mujer. Por lo menos el intento de lograrlos y lo más que la humanidad ha logrado hasta ahora. ¿Y cuál ha sido desde siempre la base de esos cuatro pilares, sino la tolerancia?

Fallaci quiere hacernos creer que "cultura occidental" es un producto único y puro, sin participación del otro. Pero si algo caracteriza a Occidente, precisamente, ha sido todo lo contrario: somos el resultado de incontables culturas, comenzando por la cultura hebrea (por no hablar de Amenofis IV) y siguiendo por casi todas las demás: por los caldeos, por los griegos, por los chinos, por los hindúes, por los africanos del sur, por los africanos del norte y por el resto de las culturas que hoy son uniformemente calificadas de "islámicas". Hasta hace poco, no hubiese sido necesario recordar que, cuando en Europa —en toda Europa— la Iglesia cristiana, en nombre del Amor perseguía, torturaba y quemaba vivos a quienes discrepaban con las autoridades eclesiásticas o cometían el pecado de dedicarse a algún tipo de investigación (o simplemente porque eran mujeres solas, es decir, brujas), en el mundo islámico se difundían las artes y las ciencias, no sólo las propias sino también las chinas, las hindúes, las judías y las griegas. Y esto tampoco quiere decir que volaban las mariposas y sonaban los violines por doquier: entre Bagdad y Córdoba la distancia geográfica era, por entonces, casi astronómica.

Pero Oriana Fallaci no sólo niega la composición diversa y contradictoria de cualquiera de las culturas en pleito, sino que de hecho se niega a reconocer la parte oriental como una cultura más. "A mí me fastidia hablar incluso de dos culturas", escribió. Y luego se despacha con una increíble muestra de ignorancia histórica: "Ponerlas sobre el mismo plano, como si fuesen dos realidades paralelas, de igual peso y de igual medida. Porque detrás de nuestra civilización están Homero, Sócrates, Platón, Aristóteles y Fidias, entre otros muchos. Está la antigua Grecia con su Partenón y su descubrimiento de la Democracia. Está la antigua Roma con su grandeza, sus leyes y su concepción de la Ley. Con su escultura, su literatura y su arquitectura. Sus palacios y sus anfiteatros, sus acueductos, sus puentes y sus calzadas".

¿Será necesario recordarle a Fallaci que entre todo eso y nosotros está el antiguo Imperio Islámico, sin el cual todo se hubiese quemado —hablo de los libros y de las personas, no del Coliseo— por la gracia de siglos de terrorismo eclesiástico, bien europeo y bien occidental? Y de la grandeza de Roma y de su "concepción de la Ley" hablamos otro día, porque aquí sí que hay blanco y negro para recordar. También dejemos de lado la literatura y la arquitectura islámica, que no tienen nada que envidiarle a la Roma de Fallaci, como cualquier persona medianamente culta sabe.

A ver, ¿y por último?: "Y, por último —escribió Fallaci— está la ciencia. Una ciencia que ha descubierto muchas enfermedades y las cura. Yo sigo viva, por ahora, gracias a nuestra ciencia, no a la de Mahoma. Una ciencia que ha cambiado la faz de este planeta con la electricidad, la radio, el teléfono, la televisión... Pues bien, hagamos ahora la pregunta fatal: y detrás de la otra cultura, ¿qué hay?"

Respuesta fatal: detrás de nuestra ciencia están los egipcios, los caldeos, los hindúes, los griegos, los chinos, los árabes, los judíos y los africanos. ¿O Fallaci cree que todo surgió por generación espontánea en los últimos cincuenta años? Habría que recordarle a esta señora que Pitágoras tomó su filosofía de Egipto y de Caldea (Irak) —incluida su famosa fórmula matemática, que no sólo usamos en arquitectura sino también en la demostración de la Teoría Especial de la Relatividad de Einstein—, igual que hizo otro sabio y matemático llamado Tales de Mileto. Ambos viajaron por Medio Oriente con la mente más abierta que Fallaci cuando lo hizo. El método hipotético-deductivo —base de la epistemología científica— se originó entre los sacerdotes egipcios (empezar con Klimovsky, por favor); el cero y la extracción de raíces cuadradas, así como innumerables descubrimientos matemáticos y astronómicos, que hoy enseñamos en los liceos, nacen en India y en Irak; el alfabeto lo inventaron los fenicios (antiguos libaneses) y probablemente la primera forma de globalización que conoció el mundo. El cero no fue un invento de los árabes, sino de los hindúes, pero fueron aquellos que lo traficaron a Occidente. Por si fuera poco, el avanzado Imperio Romano no sólo desconocía el cero —sin el cual no sería posible imaginar las matemáticas modernas y los viajes espaciales— sino que poseía un sistema de conteo y cálculo engorroso que perduró hasta fines de la Edad Media. Hasta comienzos del Renacimiento, todavía había hombres de negocios que usaban el sistema romano, negándose a cambiarlo por los números árabes, por prejuicios raciales y religiosos, lo que provocaba todo tipo de errores de cálculo y litigios sociales. Por otra parte, mejor ni mencionemos que el nacimiento de la Era Moderna se originó en el contacto de la cultura europea —después de largos siglos de represión religiosa— con la cultura islámica primero y con la griega después. ¿O alguien pensó que la racionalidad escolástica fue consecuencia de las torturas que se practicaban en las santas mazmorras? A principios del siglo XII, el inglés Adelardo de Bath emprendió un extenso viaje de estudios por el sur de Europa, Siria y Palestina. Al regresar de su viaje, Adelardo introdujo en la subdesarrollada Inglaterra un paradigma que aún hoy es sostenido por famosos científicos como Stephen Hawking: Dios había creado la Naturaleza de forma

que podía ser estudiada y explicada sin Su interven-
ción (He aquí el otro pilar de las ciencias, negado his-
tóricamente por la Iglesia romana) Incluso, Adelardo
reprochó a los pensadores de su época por haberse dejado encandilar por el prestigio de las autoridades —
comenzando por el griego Aristóteles, está claro. Por
ellos esgrimió la consigna "razón contra autoridad", y
se hizo llamar a sí mismo "*modernus*". "Yo he aprendido de mis maestros árabes a tomar la razón como
guía —escribió—, pero ustedes sólo se rigen por lo
que dice la autoridad". Un compatriota de Fallaci, Ge-
rardo de Cremona, introdujo en Europa los escritos
del astrónomo y matemático "iraquí", Al-Jwarizmi, in-
ventor del álgebra, de los algoritmos, del cálculo ará-
bigo y decimal; tradujo a Ptolomeo del árabe —ya que
hasta la teoría astronómica de un griego oficial como
éste no se encontraba en la Europa cristiana—, decenas de tratados médicos, como los de Ibn Sina y el
iraní al-Razi, autor del primer tratado científico sobre
la viruela y el sarampión, por lo que hoy hubiese sido
objeto de algún tipo de persecución.

Podríamos seguir enumerando ejemplos como éstos, que la periodista italiana ignora, pero de ello ya
nos ocupamos en un libro y ahora no es lo que más
importa.

Lo que hoy está en juego no es sólo proteger a Occidente contra los terroristas, de aquí y de allá, sino —y quizá, sobre todo— es crucial protegerlo de sí mismo. Bastaría con reproducir cualquiera de sus monstruosos inventos para perder todo lo que se ha logrado hasta ahora en materia de respeto por los Derechos Humanos. Empezando por el respeto a la diversidad. Y es altamente probable que ello ocurra en diez años más, si no reaccionamos a tiempo.

La semilla está ahí y sólo hace falta echarle un poco de agua. He escuchado decenas de veces la siguiente expresión: "lo único bueno que hizo Hitler fue matar a todos esos judíos". Ni más ni menos. Y no lo he escuchado de boca de ningún musulmán —tal vez porque vivo en un país donde prácticamente no existen— ni siquiera de algún descendiente de árabes. Lo he escuchado de neutrales criollos o de descendientes de europeos. En todas estas ocasiones me bastó razonar lo siguiente, para enmudecer a mi ocasional interlocutor: "¿Cuál es su apellido? Gutiérrez, Pauletti, Wilson, Marceau… Entonces, señor, usted no es alemán y mucho menos de pura raza aria. Lo que quiere decir que mucho antes que Hitler hubiese terminado con los judíos hubiese comenzado por matar a sus abuelos y a todos los que tuviesen un perfil y un color de piel parecido al suyo". Este mismo riesgo estamos corriendo ahora: si nos dedicamos a perseguir árabes o musulmanes no sólo estaremos demostrando que no hemos aprendido nada, sino que, además, pronto terminaremos por perseguir a sus semejantes: beduinos, africanos del norte, gitanos, españoles del sur, judíos de España, judíos Latinoamérica-nos, americanos del centro, mexicanos del sur, mormones del norte, hawaianos, chinos, hindúes, and so on.

No hace mucho otro italiano, Umberto Eco, resumió así una sabia advertencia: "Somos una civilización plural porque permitimos que en nuestros países se erijan mezquitas, y no podemos renunciar a ellos sólo porque en Kabul metan en la cárcel a los propagandistas cristianos (…) Creemos que nuestra cultura es madura porque sabe tolerar la diversidad, y son bárbaros los miembros de nuestra cultura que no la toleran".

Como decían Freud y Jung, aquello que nadie desearía cometer nunca es objeto de una prohibición; y como dijo Boudrilard, se establecen derechos cuando se los han perdido. Los terroristas islámicos han obtenido lo que querían, doblemente. Occidente parece, de pronto, desprovisto de sus mejores virtudes, construidas siglo sobre siglo, ocupado ahora en reproducir sus propios defectos y en copiar los defectos ajenos, como lo son el autoritarismo y la persecución preventiva de inocentes. Tanto tiempo imponiendo su cultura en otras regiones del planeta, para dejarse ahora imponer una moral que en sus mejores momentos no fue la suya. Virtudes como la tolerancia y la autocrítica nunca formaron parte de su debilidad, como se pretende, sino todo lo contrario: por ellos fue posible algún tipo de progreso, ético y material. La Democracia y la Ciencia nunca se desarrollaron a partir del culto narcisista a la cultura propia sino de la oposición crítica a partir de la misma. Y en esto, hasta hace poco tiempo, estuvieron ocupados no sólo los "intelectuales malditos" sino muchos grupos de acción y resistencia social, como lo fueron los burgueses en el siglo XVIII, los sindicatos en el siglo XX, el periodismo inquisidor hasta ayer, sustituido hoy por la propaganda, en estos miserables tiempos nuestros. Incluso la pronta destrucción de la privacidad es otro síntoma de esa colonización moral. Sólo que en lugar del control religioso seremos controlados por la Seguridad Militar. El Gran Hermano que todo lo escucha y todo lo ve terminará por imponernos máscaras semejantes a las que vemos en Oriente, con el único objetivo de no ser reconocidos cuando caminamos por la calle o cuando hacemos el amor.

La lucha no es —ni debe ser— entre orientales y occidentales; la lucha es entre la intolerancia y la imposición, entre la diversidad y la uniformización,

entre el respeto por el otro y su desprecio o aniquilación. Escritos como "La rabia y el orgullo" de Oriana
Fallaci no son una defensa a la cultura occidental sino
un ataque artero, un panfleto insultante contra lo mejor de Occidente. La prueba está en que bastaría con
cambiar allí la palabra Oriente por Occidente, y alguna que otra localización geográfica, para reconocer
a un fanático talibán. Quienes no tenemos Rabia ni
Orgullo por ninguna raza ni por ninguna cultura, sen-
timos nostalgia por los tiempos idos, que nunca fueron buenos, pero tampoco tan malos.

Hace unos años estuve en Estados Unidos y allí vi
un hermoso mural en el edificio de las Naciones Unidas de Nueva York, si mal no recuerdo, donde apare-
cían representados hombres y mujeres de distintas
razas y religiones —creo que la composición estaba ba-
sada en una pirámide un poco arbitraria, pero esto
ahora no viene al caso. Más abajo, con letras doradas,
se leía un mandamiento que lo enseñó Confucio en
China y lo repitieron durante milenios hombres y mujeres de todo Oriente, hasta llegar a constituirse en un
principio occidental: "Do unto others as you would
have them do unto you" En inglés suena musical, y
hasta los que no saben ese idioma presienten que se
refiere a cierta reciprocidad entre uno y los otros. No
entiendo   por   qué   habríamos   de   tachar   este

mandamiento de nuestras paredes, fundamento de
cualquier democracia y de cualquier estado de derecho, fundamento de los mejores sueños de Occidente,
sólo porque los otros lo han olvidado de repente. O la
han cambiado por un antiguo principio bíblico que ya
Cristo se encargó de abolir: "ojo por ojo y diente por
diente". Lo que en la actualidad se traduce en una inversión de la máxima confuciana, en algo así como:
hazle a los otros todo lo que ellos te han hecho a ti—
la conocida historia sin fin.

CUANDO LA VERDAD DE LA GUERRA SE FILTRA EN NUESTRO MUNDO DE ILUSIONES[5]

UMBERTO ECO, EN ALGUNA PÁGINA de *La definizione dell'arte* (1968), decía que un objeto cualquiera que encontramos en la calle se resignifica al ser puesto en un museo. Su valor, artístico y semiótico, radica en la descontextualización. Algo similar habían entendido los formalistas rusos cuando a principios del siglo pasado analizaron la importancia de la (¿cómo decirlo?) *agramaticalidad* de un verso para arrastrar la atención del lector en la palabra imprevista, inusual. De esa forma, un engranaje, un sustantivo, cobraban un nuevo significado, más potente, más autónomo (los modernistas hispanoamericanos ya habían experimentado con esto en el siglo XIX).

Esta dinámica semiótica se confirma en los fenómenos de la globalización digital, donde interviene la fría indiferencia del fenómeno y la insoportable tragedia del dolor moral.

El reciente video donde se muestra la reacción sin llanto ni lágrimas de un niño víctima de los bombar-

[5] Agosto 2016

deos aéreos en Alepo, Siria, se convirtió en eso que tan dudosamente se llama viral. Cada tanto el mundo se conmueve con estos rostros de víctimas inocentes. Un caso similar fue el de Aylan Kurdi, otro niño sirio ahogado en el intento de sus padres de llegar a las costas de Europa.

Ambas tragedias tienen, obviamente, muchos elementos en común. Pero ambas reacciones mediáticas también. Tanto en el caso del niño muerto en la playa turca como en el de Alepo, el elemento común que los convierte en "virales" es la descontextualización, no en el descubrimiento de ninguna verdad sobre las guerras en curso y los abusos ya tradicionales de la fuerza.

Desde la invasión de Irak y desde mucho antes (Vietnam, Líbano, Guatemala, Palestina, Sahara Occidental, Sierra Leona, Nigeria... por nombrar sólo unos pocos, los más olvidados de los últimos años) hemos visto niños cubiertos de polvo, despedazados y masacrados en números escandalosos. Ninguna de esas imágenes produjo las reacciones en masa que hemos visto en los últimos casos mencionados.

¿Por qué?

Bueno, creo que no hace falta ser un genio para darse cuenta de que la explicación, más allá de moral, es psicológica. En ambos casos, los niños extrapolaban sus dramas (lejanos para Occidente y para el

Oriente y el Medio Oriente rico) a un contexto familiar, propio de países desarrollados o, al menos, no en guerra. La playa de Kos era una playa europea, alejada del conflicto; el guardia turco que lo recogió con sus guantes de látex, podía ser alguien que conocemos de nuestras playas occidentales.

Aún más evidente es el reciente caso de Omran, en Alepo.

El primer elemento remarcable es la ausencia de llanto de Omran, la constatación de estar herido al tocar su cara y ver su mano ensangrentada. El gesto dolorosamente humilde de ese pequeño inocente que, casi como si no debiera, se limpia la sangre de su mano en el impecable sillón naranja y mira tímidamente a su alrededor. Su gesto significa, aunque sea por aturdimiento o confusión, todo lo que no esperaríamos de un niño de cinco años: la ausencia de llanto en medio de una tragedia que nuestros hijos nunca han vivido. Nuestros hijos saben llorar, y en un mundo consumista prácticamente lloran por todo. Omran ni siquiera puede darse el lujo de llorar.

Pero vayamos a un elemento menos evidente, aunque es lo primero que vemos: la composición de la imagen. El niño desdibujado por las heridas de los escombros y el polvo del ataque aéreo (cuyo objetivo era protegerlo; no vamos a poner en tela de juicio el buen corazón de las potencias mundiales) es sentado en un impecable sillón naranja, al lado de otros equipos impecablemente naranjas de los socorristas.

De por sí se establece un brutal contraste visual. Pero aún más marcado es el contraste simbólico: la fragilidad, la inocencia, extrapolada a nuestro mundo, el mundo moderno, impecable, funcional, civilizado.

Por transferencia simbólica, el niño pasa a ser uno de nuestros vecinos o uno de nuestros propios familiares viviendo una tragedia que no podemos contemplar sin conmovernos, sin movernos a contribuir en algo para aliviar esa tragedia, casi como alguien que le ofrece una aspirina a un enfermo de cáncer. Con todo, quizás, éste es el lado más positivo de toda la sensibilidad de aquellos que no viven en guerra.

Y, sin embargo, casi por norma, luego de la catarsis que nos demuestra todo lo bueno que somos, la mayoría siempre está dispuesta a olvidar o a hundirse en la inacción.

Me dirán que el juicio de "la mayoría siempre está dispuesta a olvidar" es injusto o arbitrario. Cierto, es muy difícil cuantificar este grupo; ni siquiera podría cometer la soberbia de excluirme. Sin embargo, a juzgar por la interminable tradición de guerras y contraguerras, de invasiones e intervenciones que normalmente preceden a las guerras civiles y a los grupos

terroristas que en consecuencia florecen y se multiplican y luego justifican nuevas intervenciones y más
bombas, parecería que, efectivamente, el poder siempre cuenta con una mayoría de indiferentes que cada
tanto se conmueve hasta las lágrimas cuando descubre
las consecuencias de sus malas elecciones de las que
nunca llegan a aceptar ninguna responsabilidad.

LA VIDA HUMANA COMO EFECTO CO-LATERAL[6]

Nuestros muertos son verdaderos porque duelen

HACE UNOS DÍAS MURIÓ UN NIÑO de hambre y otro de diarrea. Poco después los gusanos comieron vivo a un pequeño de trece meses. No es necesario entrar en detalles descriptivos. Bastará con apuntarlo y no dejarlo pasar como un fenómeno climático sino de verdadera injusticia social.

Pero estos niños muertos son niños de la periferia. Marginados. Son efectos colaterales. No duelen.

Cada vez que un niño muere de hambre el Estado pierde su razón de ser. En esto hay que decir que el Estado ha perdido la razón reiteradamente. Si la mayor Institución que se ha dado la sociedad es capaz de reparar un semáforo cada vez que se descompone, ¿cómo no es capaz de evitar que un niño se muera de hambre? He escuchado muchas veces que un gran porcentaje de los seres humanos que duermen en las calles, con la cabeza apoyada en la vereda a cero grados

---

[6] Junio de 2003

centígrados, bajo la violencia del clima y bajo la violencia moral de ser vistos en esa degradación, se niegan a concurrir a un local donde tienen comida y colchones. Ergo esos individuos son responsables de su desgraciada condición. En inglés hasta suena distinguido: son *homeless*. ¿Pero cuántos de nosotros no nos volveríamos dementes en situaciones de violencia semejantes y reiteradas como lo están esas personas?

Pero como los pobres son *responsables* de su pobreza, así como los alcohólicos y los drogadictos son responsables de su vicio, podemos dejarlos tirados y el mundo seguirá andando. Ahora, si un hombre amenaza con tirarse de un décimo piso, ¿qué hace el Estado? En teoría, ese hombre está en su derecho de hacer con su existencia lo que quiera. Sin embargo, a nadie se le ocurriría dejarlo ejercer su derecho. ¿Por qué? Siempre argüiremos que esa persona no está bien de la cabeza y, por lo tanto, debemos ayudarla a desistir de su intento. Entonces enviamos bomberos, policías y psicólogos para *persuadirlo* de su intento, no vaya a ser que ensucie la calle y cunda el mal ejemplo. ¿Está bien esto? Más allá de una discusión filosófica sobre el derecho, la intuición nos grita que sí. Entonces, ¿por qué dejamos a un hombre tirado en la calle? ¿Por qué la mayor organización de la sociedad, el Estado, no se hace responsable por cada niño que muere de hambre,

¿en lugar de echarle la culpa a una madre que vive en un basurero y ya ha dejado de pensar?

Mal, esto es el árbol de hojas secas. Ahora tratemos de ver el bosque.

Durante décadas, el Río de la Plata fue un río de inmigrantes. Millones de hombres y mujeres bajaron de los barcos a esta tierra desconocida para plantar su raza y sus costumbres. En su gran mayoría eran europeos, representantes orgullosos de una cultura avanzada, de una historia llena de grandes imperios y ominosas dominaciones, que muchas veces se confundió con una raza inexistente: la raza blanca. Sin embargo, aquellos abuelos nuestros que bajaron de los barcos en su mayoría eran analfabetos, víctimas de las más obscenas persecuciones o delincuentes comunes. Por lo general, gente que no tenía muchas razones para sentirse orgullosa. No porque fueran pobres y analfabetos, sino porque venían de una Europa enferma, guerrera y puritana, la mayoría de las veces arrastrando profundos prejuicios, inútiles rigurosidades morales que se parecían más a la inhumanidad y a la mentira que a la sabiduría.

Un minúsculo hecho acontecido en el puerto de Buenos Aires retrata con perfecta economía algunos de aquellos conquistadores, que no carecieron de virtudes pero que por regla general hicieron todo lo posible por olvidar sus defectos, esos mismos que la antropología intentó disimular en los libros. El milagro me lo transmitió mi tío Caíto Albernaz, un campesino sin universidad, pero con muchos libros al lado del arado y una inteligencia ética demasiado fina para ser escuchada sin fastidio, destruido hace ya muchos años por la dictadura militar. Yo era un niño aún y le escuché contar, con la misma brevedad, mientras escuchábamos el canto o la queja de un ave nocturna, inubicable en el extenso horizonte del atardecer: "Todavía con las valijas en las manos, un grupo de inmigrantes se cruzó con otro grupo de otra nacionalidad, probablemente de algún país periférico de Europa. Entonces, uno le dijo a otro: *Nuestra lengua es mejor porque se entiende*".

Con el tiempo, esta iluminación de la ignorancia se fue ocultando bajo una espesa capa de cultura. Sin embargo, en lo más profundo de nuestro corazón occidental, aún sobrevive la actitud primitiva que considera nuestra propia lengua la mejor lengua, nuestra moral la mejor moral y, aunque nos duela, nuestros muertos las únicas víctimas. Y para darse cuenta de esto no es necesario una universidad sino la sensibilidad de aquel campesino que sabía escuchar a los pájaros.

Durante todo el siglo XX, uno de los principios éticos que justificó cada genocidio y cada matanza, en masa o a pequeña escala, fue aquel en el cual se establecía que "el fin justifica los medios". Como era de esperar, los nobles fines nunca llegaron y, por ende, los medios terminaron por perpetuarse, es decir, los medios se impusieron como fines. (Así suele ocurrir con las Causas cuando se transforman en ideologías, o con la Fe cuando se transforma en dogma.) Lo cual es doblemente lógico, ya que, si uno pretende defender la vida con la muerte, el uso de este último recurso hace imposible el logro perseguido. Al menos que el logro sea la resurrección indiscriminada.

Con el transcurso del tiempo, las retóricas y las ideologías han ido cambiando. Sólo cambiando; no han desaparecido en ningún momento. De hecho, el precepto de que "el fin justifica los medios" se encuentra tan vigente hoy como pudo estarlo en tiempos de Stalin o de Nerón. Ahora, de una forma más técnica y menos filosófica, se entiende el mismo concepto con la expresión "efectos colaterales"

Veámoslo un poco más de cerca. En los últimos cincuenta años se han venido realizando intervenciones militares, por parte de las mayores potencias mundiales, con el objetivo de mantener el Orden, la Paz, la Libertad y la Democracia. No vamos a ponerlo en duda —esto complicaría el análisis ya desde el comienzo—. En cada una de estas intervenciones en defensa de la vida ha habido muertos, por supuesto. A diferencia de las antiguas guerras, los muertos escasamente son militares (lo que hace de este oficio uno de los más seguros del mundo, más seguro que el oficio de periodista, de médico o de obrero de la construcción) y nunca son los promotores de tan arriesgadas empresas. Por regla común, los nuevos muertos son siempre civiles, algún viejo que no pudo correr a tiempo, algún joven inconsulto, sin voz ni voto, alguna mujer embarazada, algún feto abortado.

Miremos por un momento estos muertos que no nos tocan ni nos salpican. ¿Son muertos imprevistos? Creo que no. A nadie puede sorprender que en un ataque militar haya muertos. Los muertos y las guerras poseen lazos históricos, así como las guerras y los intereses corporativos. Tan previsibles son estos muertos que han sido definidos, en bloque, como "efectos colaterales". No es cierto que las "bombas inteligentes" sean tontas; hasta un genio se equivoca, eso lo sabemos todos. Ahora, el problema ético surge cuando se acepta sin cuestionamientos que estos "efectos colaterales" son, de cualquier manera, inevitables y no detienen nunca la acción que los produce. ¿Por qué? Porque hay cosas más importantes que los "efectos colaterales", es decir, hay cosas más importantes que la vida humana. O por lo menos de cierto tipo de vida humana.

Y aquí está el segundo problema ético. Aceptar que en un bombardeo la muerte de centenares de inocentes, hombres, niños y mujeres, puedan ser definidos como "efectos colaterales" es aceptar que existen vidas humanas de "valor colateral". Ahora, si existen vidas humanas de valor colateral, ¿por qué se inicia una acción de este tipo en defensa de la vida? La razón y la intuición nos dice que el precepto lleva implícita la idea, no cuestionada, de que existen vidas humanas de "valor capital".

Un momento. Ante tan grotesca conclusión, debemos preguntarnos si no hemos errado en nuestro razonamiento. Para ello, debemos hacer un ejercicio mental de verificación. Hagamos el experimento. Preguntémonos ¿qué hubiese ocurrido si por cada cinco niños negros o amarillos destrozados por un "efecto colateral" hubiesen muerto uno o dos niños blancos, con nombres y apellidos, con una residencia legible, con un pasado y una cultura común a la de aquellos pilotos que lanzaron las bombas? ¿Qué hubiese ocurrido si por cada inevitable "efecto colateral" hubiesen muerto vecinos nuestros? ¿Qué hubiese ocurrido si para "liberar" a un país lejano hubiésemos tenido que

sacrificar cien niños en nuestra propia ciudad, como
un inevitable "efecto colateral"? ¿Hubiese sido dis-
tinto? Pero cómo, ¿cómo puede ser distinta la muerte
de una niña, lejana y desconocida, inocente y de cara
sucia, a la muerte de un niño que vive cerca nuestro y
habla nuestra misma lengua? Pero ¿cuál muerte es más
horrible? ¿Cuál muerte es más justa y cuál es más in-
justa? ¿Cuál de los dos inocentes merecía más vivir?

Seguramente casi todos estarán de acuerdo en que
ambos inocentes tenían el mismo derecho a la vida. Ni
más ni menos. Entonces, ¿por qué unos inocentes
muertos son "efectos colaterales" y los otros podrían
cambiar cualquier plan militar y, sobre todo, cualquier resultado electoral?

Si bien parece del todo lícito que, ante una agresión, un país inicie acciones militares de defensa,
¿acaso es igualmente lícito matar a inocentes ajenos en
defensa de los inocentes propios, aún bajo la lógica de
los "efectos colaterales"? ¿Es lícito, acaso, condenar el
asesinato de inocentes propios y promover, al mismo
tiempo, una acción que termine con la vida de inocentes ajenos, en nombre de algo mejor y más noble?

Un poco más acá, ¿qué hubiese ocurrido si los gusanos dejaran de comer niños pobres y comenzaran a
comer niños ricos? ¿Qué ocurriría si por una negligen-

cia administrativa comenzaran a morir niños de nuestra heroica e imprescindible *well to do class*?

Una "limpieza ética" debería comenzar por una limpieza semántica: deberíamos tachar el adjetivo "colateral" y subrayar el sustantivo "efecto". Porque los inocentes destrozados por la violencia económica o armada son el más puro y directo Efecto de la acción, así, sin atenuantes eufemísticos. Le duela a quien le duela. Todo lo demás es discutible.

Esta actitud ciega de la Sociedad del Conocimiento se parece en todo a la orgullosa consideración de que "nuestra lengua es mejor porque se entiende". Sólo que con una intensidad del todo trágica, que se podría traducir así: *nuestros muertos son verdaderos porque duelen.*

ESCUDOS HUMANOS[7]

EL PASADO LUNES 17, EN UNA ELEGANTE mesa, el presidente George Bush, creyéndose en la intimidad, le dijo a Tony Blair, quien ese día lucía una enrome, pulcra, inglesa corbata rosada: *"what they need to do is get Syria to get Hezbollah to stop doing this sh…, and it's over."* ("lo que tienen que hacer es obligar a Siria a que Hezbollah pare esta mierda, y listo") Se refería al nuevo conflicto, bombardeo, masacre, absurdo entre Israel y Líbano, o entre Israel y la guerrilla Hizbollah —este punto no está claro. El diario inglés Daily Mirror, escandalizado, tituló: "Bush, empiece por respetar a nuestro ministro".

En 1941, Erich Fromm psicoanalizaba (en El miedo a la libertad) que el oro equivale a la mierda y la retención de ésta en el niño prefigura el carácter del capitalismo. Desde el punto de vista de la crítica histórica, en algo tiene razón el presidente de Estados Unidos: esto es una mierda. Oh, no seamos tan finos:

---

[7] Julio 2006

aunque las toilettes tengan grifos de oro, la civilización aún se yergue sobre sus cloacas.

Pero vayamos al punto. Siempre he defendido el
derecho de Israel a defenderse. Nunca he dudado en
publicar un ensayo, o lo que sea, señalando las contra-
dicciones y la enfermedad moral del antisemitismo. Y
lo seguiré haciendo porque en algo no puedo transar,
en algo soy intolerante: por encima de cualquier secta,
por encima de cualquier arbitraria división, por encima de cualquier mediocre y arrogante fanatismo, racismo, sexismo, clasismo, por encima de cualquier
ridículo sentimiento de superioridad de nobleza hereditaria, la humanidad es una sola, es una sola raza. Una
raza siempre enferma, pero la única que tenemos y a
la que no podemos dejar de pertenecer, aunque a veces
envidiemos la vida más franca de los perros.

Pese a todo esto, nunca podré justificar la masacre
de un solo inocente y menos de cientos, bajo el argumento de que entre ellos se encuentra algún terrorista.
Esta dialéctica ya está siendo disco rayado, mientras las
víctimas —vaya casualidad— siempre son, en su casi
totalidad, los inocentes, la masa, los anónimos, sean
árabes o judíos, iraquíes o americanos, macúas o ma-
condes. Cada tanto muere algún jefe ajeno, claro, que
sirve para justificar el éxito de todo el horror propio.

Quien pone una bomba y mata a diez, a cien personas es un monstruo, un terrorista. Pero matar cientos de inocentes con bombas más "inteligentes", a lo lejos y desde arriba ¿resulta acaso una proeza del Derecho Internacional y del Progreso por la Paz? Los terroristas son criminales por usar escudos humanos; y los otros líderes (que no sé cómo llamarlos) ¿no son igualmente criminales al bombardear esos "escudos" como si fueran murallas de piedra y no carne inocente de un pueblo? Porque si decimos que esos niños, jóvenes, viejos y mujeres ni siquiera son inocentes, estamos tan enfermos como los terroristas. Con un toque de hipocresía, claro.

Ahora, ¿qué podemos esperar de un pueblo bombardeado? ¿Amor al prójimo? ¿Comprensión? Es más: ¿podremos esperar un mínimo de racionalidad de alguien que ha perdido a su familia reventada por una bomba, aunque sea una bomba cargada de Derecho, Justicia y Moral? No podemos esperar este milagro de ninguna de las dos partes. La diferencia está —suponemos— que a un terrorista no le interesa ningún tipo de racionalidad y comprensión de la otra parte, mientras que habríamos de suponer que la otra parte apela a esta facultad humana, si no como valor ético al menos como estrategia de sobreviencia, o de convivencia, o de alguna de esas cosas nobles que siempre escuchamos en los discursos. Esa carencia racional del odio humano es un triunfo del terror. Quienes la crean o la alimentan son responsables, sin importar si estaba primero el huevo o la gallina.

Para que nuestro pesimismo sea completo, cada escalada de violencia indiscriminada en el mundo es la mejor advertencia y la más perfecta excusa para que otros trasnochados comprendan el mensaje: más vale sospechoso bien armado que inocente sin armar. Como aquellos políticos "democráticos" que obtienen la obediencia ciega de sus seguidores en base al miedo del adversario, también los terroristas de turno obtienen sus seguidores de esta siembra de odio. El odio es el veneno más democrático en el que agoniza la humanidad; sospechamos que será imposible de extirparlo de nuestra especie, pero también sabemos que, pese a su desprestigio posmoderno, sólo la racionalidad es capaz de controlarlo dentro de los reductos infernales del subconsciente individual y colectivo.

El presidente de Estados Unidos se quejó que Kofi Annan, el secretario general de la ONU es partidario de un alto al fuego inmediato. "Cree que esto es suficiente para arreglar el problema". No, claro, ¿cuándo una medida fue suficiente para superar las matanzas en este mundo? Pero dejar de matar ya es algo, no? ¿O usted considera que doscientas personas muertas en una semana son apenas un detalle? ¿Serían sólo un detalle si la mitad de estos hablaran inglés?

En 1896 Ángel Gavinet en su libro Idearium español observó, con escepticismo y amargura: "Un ejército que lucha con armas de mucho alcance, con ametralladoras de tiro rápido y con cañones de grueso calibre, aunque deja el campo sembrado de cadáveres, es un ejército glorioso; y si los cadáveres son de raza negra, entonces se dice que no hay tales cadáveres. Un soldado que lucha cuerpo a cuerpo y que mata a su enemigo de un bayonetazo, empieza a parecernos brutal; un hombre vestido de paisano, que lucha y mata, nos parece un asesino. No nos fijamos en el hecho. Nos fijamos en la apariencia".

Mi tesis ha sido siempre la siguiente: no es verdad que la historia nunca se repite; se repite siempre. Lo que no se repiten son sólo las apariencias. Mi primera advertencia tampoco ha cambiado: la violencia indiscriminada no sólo siembra muerte sino, además, lo que es aún peor—odio.

POSDATA 2024

TENGO UNA OPINIÓN ILEGAL SOBRE EL ███████████ EN █████

EL PRIMERO DE MAYO de 2024, la cámara baja de Estados Unidos aprobó la ley *Antisemitism Awareness Act* (Ley de concientización del antisemitismo). La urgencia se debió a las masivas manifestaciones contra el ███████ en decenas de universidades.

A partir de ahora, cualquier discusión pública o académica sobre qué es o no es antisemitismo es definida de una vez y para siempre por ley, la que le confiere al Secretario de Educación, el maestro ███████ Miguel Cardona, mayor poder para decidir castigos y sanciones, según su alto criterio, sobre qué es antisemitismo y cuál es la resolución correcta al Dilema ético del tranvía. Cualquier discusión estará enmarcada dentro de los límites del Estado líder del Mundo Libre y "*no podrá ser objeto de interpretación*" (Sec. 6-a).

La nueva ley dice basarse en la *Civil Rights Act* de 1964 que prohíbe la discriminación de personas por su raza u origen nacional, lo cual es una magnífica ███████, considerando que esa ley fue producto de movilizaciones similares a las actuales. Fueron intensas y valientes protestas contra la segregación racial, el

suprematismo blanco, el imperialismo y la guerra de
Vietnam. Por entonces, los promotores de las leyes por
los Derechos Civiles fueron atacados y desacreditados
como peligrosos y violentos, como ████.

Ahora, uno de los reclamos más sensibles de
los estudiantes, aparte del fin del ████ en ██,
es la *desinversión* de los capitales financieros de *sus* universidades en la poderosa industria de la guerra, lo
cual es un eco de las luchas estudiantiles estadounidenses contra otro apartheid, el de Sudáfrica. Sus demandas tuvieron repetidos efectos en los 80, en la
segunda década de este siglo y, más recientemente, en
la negociación efectiva de desinversión en estas indus-
trias por parte de Brown University y de Rutgers University.

Aunque la nueva ley ensaya una literatura uni-
versalista, sólo menciona un grupo bajo protección
para penalizar cualquier manifestación "contra los judíos". Cualquier crítica al Estado de Israel o al sionismo es identificada (ahora por ley federal) con el
antisemitismo.

La ley establece un criterio filosófico único y
oficial: "*La definición práctica de antisemitismo de la
Alianza Internacional para la Memoria del Holocausto*".
Esta organización, repetidas veces criticada por su
igualación del antisemitismo con cualquier crítica a

las políticas del Estado de Israel y por la confusión
████████ entre antisemitismo y antisionismo. Su "*definición práctica de antisemitismo*" hasta ayer no tenía
consecuencias legales directas. Ahora sí.

Según la ley, "*El antisemitismo está aumentando
en los Estados Unidos y está afectando a los estudiantes judíos en escuelas, colegios y universidades desde jardín de
infantes*". Lo cual es correcto. Pero este fenómeno no
ha sido consecuencia del activismo ████████ ni de la
izquierda en el mundo, sino del resurgimiento de los
grupos neonazis y neo supremacistas de extrema derecha que han expandido su influencia en el gobierno y
que, como en Europa y América latina suelen ser pro
████████ a-cualquier-precio. Basta con echar una mirada a los libertarios en Estados Unidos, Brasil, Argentina, Italia, Francia, Ucrania y otros países.

De igual forma, la libertad de expresión prote-
gida por la Primera enmienda de la Constitución ha
vuelto a demostrar lo que fue desde su aprobación en
1791: es la libertad del hombre blanco, del hombre
rico, del esclavista imperial. Cuando los antiesclavistas
intentaron ejercerla en el siglo XIX, terminaron acosa-
dos, perseguidos, presos o linchados.

"*La lucha contra este odio es una prioridad nacional y bipartidista que debe llevarse a cabo con éxito me-
diante un enfoque que incluya a todo el gobierno y la*

sociedad." Policías escupiendo la bandera de Palestina
en un campus, políticos afirmando que los palestinos
deben ser borrados del planeta, rabinos afirmando que
un budista o alguien se inclina ante Jesús debe morir
por idólatra, no es discurso de odio ni incitación a la
violencia. La de facto y sistemática aniquilación y
acoso de los palestinos no es un discurso de odio porque no es un discurso.

Aparte de una milicia organizada en la clandes-
tinidad, como toda colonia, los palestinos no tienen
un ejército propio. Si se defienden usando la fuerza
como lo reconoce el sentido común y la ONU como
derecho, son terroristas. Además, no existen. Son un
producto de la ficción de quienes se dedican al "discurso de odio".

Como lo dijeron los mismos integrantes del
gobierno de Netanyahu, los palestinos no existen y,
además, son los descendientes de Amalek, por lo cual
hombres y niños deben ser exterminados según una
orden de Dios dada al actual ministro de Defensa, Ben-
Gvir, hace tres mil años. Como dijo Golda Mair, *"no
podemos perdonarlos por obligarnos a matar a sus hijos"*.
Pero esto no es ni racismo ni un ataque a un grupo
humano debido a su origen étnico o religioso. Por el
contrario, la ley blinda a los políticos estadounidenses
y al gobierno ████ de Israel de ser acusados de

suprimir la existencia de decenas de miles de niños y otros humanos en Gaza por culpa de Hamás—por alguna misteriosa razón, los secuestrados de Hamás nunca mueren bajo ningún bombardeo ████████.

La ley es un logro de la creatividad legislativa, inmunizando a un grupo específico de seres humanos y omitiendo a otros. Todos los llamados a exterminar a los palestinos, repetidos infinidad de veces por autoridades, periodistas y religiosos, no se consideran y, por lo tanto, no son punibles. Por el contrario, ahora son protegidos de toda crítica. Ni la Corte Penal Internacional ni la Corte Internacional de Justicia ni ninguna ley puede infringir el sagrado y divino derecho de Israel a ████████ a cien mil personas en menos de un año en nombre de la autodefensa.

Desde hace varias generaciones, cualquier reacción a este derecho divino es censurado como terrorista. Como lo dijo el embajador de Israel Gilad Erdan en la ONU el día anterior: *"Siempre supimos que Hamas se esconde en las escuelas. No nos dimos cuenta de que también están en Harvard, Columbia y muchas universidades de élite"*. Poco después, el senador por Arkansas Tom Cotton dio una conferencia de prensa denunciando las "pequeñas Gazas" en los campus universitarios. Como Gaza, los estudiantes pro-palestinos sufrieron la

violenta represión de la policía y de los grupos pro-sio-
nistas.

Por eso hay que castigarlo allí también. La
nueva ley específica que su objetivo es *"expandir el poder del Secretario de Educación"* para dejarle libertad de
castigo a quienes no entiendan lo que entiende el Gobierno. La ley cierra con la siguiente frase, propia de
un religioso que interpreta un texto sagrado: *"Nada en
esta Ley podrá ser objeto de interpretación"*. Hace un siglo, en Italia, esto llevaba el nombre de ██████████.

Cuando a alguien le ofende la protesta contra
la ██████████ de 70 mil personas, más de la mitad de
ellos niños y mujeres, casi todos ellos (injustamente)
desarmados, pero no les molesta la ██████████ de 70
mil personas, se define sin necesidad de ayuda.

Los nazis no sólo cerraron la histórica escuela
de arquitectura Bauhaus a la cual consideraban co-
rrupta, sino que declararon a la Teoría de la Relatividad como una teoría falsa porque su autor era judío,
al tiempo que prohibían miles de libros por ser *anti-
alemanes*. Ahora ██████████. Continuamos acercán-
donos a ese mismo surrealismo.

De ahora en adelante, en la Mayor Democracia
del Mundo Libre tendremos que ponernos más poéti-
cos y abusar de las metáforas, como en tiempos de Nerón, quien fue mencionado con el número 666 (su

nombre en el alfabeto hebreo) porque, aunque existía cierta libertad de expresión, ésta estaba prohibida cuando afectaba de forma efectiva al poder imperial de entonces.

¿QUÉ HEMOS APRENDIDO DE LOS ESTUDIANTES?

UNA DE LAS MANIFESTACIONES naturales de cualquier poder social fosilizado en el ápice de la pirámide social es la división de los de abajo. La variación capitalista de esta antigua ley, *divide et impera*, radicó en la inoculación explícita del racismo y en la desmovilización, desarticulación y desmoralización de cualquier organización social que no fuera el gremio de los millonarios, esos que pueden hacer huelgas de capitales cuando se les cante (en nombre del sagrado derecho a la propiedad privada de sus capitales) y presionar a los pueblos con la necesidad y el hambre cada vez que éstos deciden hacer lo mismo: unirse para defender sus derechos individuales, sus intereses de clase, su dignidad de pueblos colonizados.

El masivo movimiento de protesta de los estudiantes estadounidenses contra la masacre en Gaza que, en una medida importante encendió la mecha para otros levantamientos en otros países occidentales, aparece como un *fenómeno paradójico*. Al menos así me lo han expresado los periodistas que me han consultado sobre el tema.

Como toda paradoja, es una lógica que parece contradictoria: en el país donde sus ciudadanos son reconocidos por su ignorancia geopolítica, por su
desinterés, cuando no insensibilidad por sus propias
guerras imperialistas y su patriotismo ciego, por su
adicción al consumo y su fanatismo militarista y religioso, las protestas estudiantiles pertenecen a una tradición que se inició en los años 60 con los
movimientos antibélicos, continuó en los 80 con sus
protestas contra el apartheid en Sud África y, más
tarde, con varias reivindicaciones y demandas de desinversión de los administradores de sus poderosas universidades en el negocio de la guerra, de las cárceles
privadas y de la contaminación ecocida.

Como en todos los casos, se trató de desacreditar-
los como jóvenes irresponsables y fantasiosos, cuando
fueron, precisamente esos jóvenes, los mejor informados y los más valientes de su sociedad, pese a que no
proceden de un grupo sumergido por la violencia de
las necesidades básicas. Lo cual tampoco es difícil de
explicar: no sólo el conocimiento no comercializado,
no solo el idealismo menos corrupto de los jóvenes explica esta reacción, sino que nadie puede imaginarse
un sindicato de *homeless* organizándose para deman-
dar mejores condiciones de vida, no porque sean

productivos sino por la simple razón de ser seres humanos.

Pero creo que hay otra razón que explica este fenómeno y, probablemente, sea una de las razones principales. Como anoté al principio, la división de los de abajo fue siempre un arma de dominación de los arriba. Podría detenerme en una infinidad de ejemplos cruciales en los últimos dos siglos, pero la regla es tan básica que pocos la cuestionarían. Una de sus traducciones, la desmovilización, fue y es una política no escrita pero enquistada en el propio sistema capitalista: primero desmovilización por el desmantelamiento y demonización de las organizaciones sociales, como los sindicatos de trabajadores. Segundo, a través del consuelo de las iglesias que en su casi totalidad apoyaron o justificaron el poder económico, político y social. Tercero, a través de la única secularización sagrada que fue permitida: el consumismo y el dogma del individualismo. El egoísmo y la avaricia, por siglos dos pecados entre los cristianos comuneros de los primeros tres siglos de existencia en la ilegalidad, y pecados morales en la mayoría de las filosofías sociales de la antigüedad, en el siglo XVI se convirtieron en virtudes sagradas para complacer y apoyar la fiebre de la nueva ideología capitalista.

Pero volvamos al caso específico de los estudiantes estadounidenses. Cualquiera que ha sido estudiante o profesor en Estados Unidos tiene una idea clara de cómo funciona la vida de los campuses. Aunque algunos proceden de las clases más altas y no necesitan becas ni préstamos porque sus padres les pagan la carrera en su totalidad, la gran mayoría toma dinero de su propio futuro para pagar las matrículas más caras del mundo. Otros, con más suerte o mérito inicial, reciben becas. En cualquier caso, sin distinción de clases pese a estar insertados en un sistema nacional y global ferozmente segregacionista, donde los privilegios y la lucha de clases no son menos feroces, en los campuses estas diferencias se atenúan hasta casi desaparecer. Ese es el primer punto.

El segundo punto, igual de contradictorio con el resto de la realidad social, radica en la permanente interacción social, grupal, casi familiar de los estudiantes universitarios. Una gran parte (a veces una gran mayoría) vive en los apartamentos del campus. La que no, es como si viviera allí. En mis clases, por ejemplo, apenas un diez por ciento procede de la ciudad donde se encuentra la universidad, a pesar de que Jacksonville tiene un millón de habitantes. La mayoría procede de estados tan lejanos como Nueva York o California y de continentes tan diferentes como Europa, América

Latina, África y Asia. Me sorprendería si el próximo semestre no tengo una clase con este patrón. Esta maravillosa diversidad (cierto, los pobres son una minoría, pero los hay debido a las becas) produce una conciencia humana y global que no se ve en el fanatismo provinciano de gran parte del resto de la sociedad y que es más conocido en el resto del mundo, porque lo ridículo y absurdo suele popularizarse y viralizarse de forma más rápida.

El tercer punto (para estas reflexiones es el primero) radica en que esta forma de vida no sólo expone a los jóvenes a pensamientos diferentes en sus clases, sino a formas de vida diferentes en la convivencia con sus compañeros extranjeros, desde la distracción del deporte, de las barbacoas en los parques hasta algunas fiestas excesivas en sus fraternidades y sororidades con sus bromas extremas—un día llegué a mi oficina cuando el sol comenzaba a despuntar y, en el camino, me encontré con bombachas y soutiens colgando de un árbol que precedía la entrada a un edificio donde suelo dar clases. Cosas de jóvenes.

Como profesor, he sido miembro de diferentes comités, como el de estudiantes y, aunque mi crítica al sistema universitario estadounidense radica en que no es tan democrático como el de Europa o América latina porque, por ejemplo, los estudiantes no votan, de todas formas, se las arreglan para organizarse y exigir reclamos que consideran justos y necesarios.

Es decir, los estudiantes no están desinformados, desmovilizados, desorganizados y atemorizados como lo estarán cuando se conviertan en un engranaje de la maquinaria. Esto los hace *peligrosos* para el sistema, todo lo que explica sus poderosas protestas en 50 campuses en todo el país por una causa de derechos humanos que consideraron justa, necesaria y urgente.

El ejemplo de los estudiantes sin más poder que su propia unión debe ser entendido con la seriedad que merece. El primero en entender esto fue el poder político (económico y mediático), razón por la cual no solo permitió la violencia contra los estudiantes, sino que los reprimió con irracional violencia, deteniendo a 3.000 de ellos y a ninguno de los fascistas quienes iniciaron la violencia en los capuces.

Un corolario consiste en la urgente necesidad de que el resto de la sociedad vuelva a organizarse en grupos y uniones, no sólo sindicatos de trabajadores, sino uniones de todo tipo, desde los comités políticos de base hasta los comités barriales. Esto puede ser realizado con los mismos instrumentos de división y desmovilización que se ha usado en su contra: la tecnología digital.

Tendremos un nuevo mundo cuando los individuos se integren a distintos grupos, a distintas asambleas, aunque sean virtuales, para discutir, para escuchar, para proponer, para sentir la pertenencia a algo más allá de la pobre individualidad del consumo. Si los humanos somos egoístas, no somos menos altruistas. Cuando identificamos una causa justa, luchamos por ella más allá de nuestros propios intereses. Ejemplos hay de sobra.

¿Volveremos a entender que el interés común de la humanidad, de la especie es, al menos a largo plazo, el interés más importante del individuo? En la recuperación de este sentido comunitario, de este involucramiento radica la salvación del individuo y de la humanidad.

Con el tiempo, esta multiplicidad de comunidades a distintos niveles y con distintos intereses lograrán que las donaciones voluntarias y los impuestos dejen de fluir a los ultra millonarios que compran presidentes, senadores, ejércitos y la misma opinión mundial. Porque los ricos no donan, invierten. Cuando no invierten en políticos, en jueces y en periodistas, invierten en el mercado de la moral. Por regla, no por excepción, los ricos siempre tienen una motivación personal para donar.

Los humanos nos movemos por el interés propio y por una causa colectiva. No hace falta aclarar cuál, en términos políticos e ideales, es la derecha y cuál es la izquierda. En todo caso, ambos intereses son humanos y deben ser considerado en la ecuación que hará de esta especie ansiosa, violenta e insatisfecha algo mejor. Para eso, la mayoría debe dejar de ser una clase descartable, irrelevante.

LOS MISMOS HECHOS. ¿UNA NUEVA CONCIENCIA?

"David vivió en territorio de los filisteos [habitantes cananeos de la actual Gaza hasta el Jordán] *un año y cuatro
meses (…) Arrasaba la comarca y no dejaba con vida hombre ni mujer; se apoderaba de las ovejas, bueyes, burros,
camellos y vestidos y volvía donde Aquís. David no dejaba
hombre ni mujer con vida, para no tener que llevarlos a
Gat, pues decía: 'No sea que hablen contra nosotros y nos
denuncien a los filisteos'. De esta forma se comportó David
todo el tiempo que habitó en el país de los filisteos".*

1 Samuel, 27 7

I

EN 1995 RECORRÍ LÍBANO, Jordania, Palestina e Israel a
pie. Por los caminos destruidos, los niños palestinos
me tiraban pequeñas piedras pensando que era judío
(*"Juif!"*). Los niños judíos me escupían y decían que
iban a matar a todos los cristianos (dedo en la gar-
ganta: *"you Christians, all"*). Pero mi entusiasmo y cu-
riosidad superaba cualquier inconveniente. Me detu-
vieron en varios lugares, el último, dos horas en el aeropuerto de Tel Aviv; los agentes no entendían cómo

un estudiante pobre (hijo de un carpintero uruguayo, durmiendo en las calles de Jordania y alimentándose con un helado de máquina por día en Jerusalén) podía darle la vuelta al mundo en nueve meses. Como decía Oriana Fallaci "[_____] *debe estar pagando los pasajes de avión de los pobres que vienen a orinar en nuestras hermosas plazas*".

Poco después de aterrizar en Roma, supe que Yitzhak Rabin había sido asesinado por un fanático judío, furioso por las conversaciones de paz. Desde entonces, todo fue de mal en peor. Un año antes, una semana después de haber escuchado el relato bíblico de acabar con todos los habitantes de Amalek, orden dada 3000 años atrás, Baruch Goldstein, de Nueva York, masacró a 29 musulmanes en una mezquita de Hebrón. Peter Beinart, un judío ortodoxo del *New Republic*, escribió que "*la sabiduría de la tradición rabínica fue declarar que ya no sabemos quién es Amalek; eso restringe el significado claro y genocida del texto bíblico*". Cuando Netanyahu afirma saber quién es Amalek, "*está deshaciendo el andamiaje moral creado por la tradición judía y afirmando un literalismo bíblico que es ajeno al judaísmo de los últimos dos mil años y, dado su poder militar, es aterrador*".

Pero es un engaño reducir toda la política militarista de Israel a un hombre o a un gabinete ministerial que repite la misma necesidad de *"matar a todos, incluido niños"*, porque ellos serán *"los terroristas de mañana"* y, por si fuera poco, acusa a sus críticos de racismo. Una muestra insuperable de fanatismo religioso unido a un incontestable poder militar y un poder mediático que comienza a resquebrajarse en todo el mundo.

II

Traduzco aquí la carta de la candidata a la presidencia Jill Stein enviada por correo a quienes seguimos de cerca su carrera política en Estados Unidos, una rara avis de un sistema llamado *democrático* pero secuestrado por megacorporaciones secretas como BlackRock, Vanguard y otras sectas.

Nada de lo que denuncia Stein es una novedad, ya que muchos otros medios, prisioneros y trabajadores humanitarios han denunciado abusos similares por años. Cuando se realizaron estas denuncias, el gobierno de Israel calificó a las organizaciones de "organizaciones terroristas" y a sus criticas como *antisemitas* o "simpatizantes de Hamás". Fue el caso, por ejemplo, de la organización *Defence for Children International* integrada por Josh Paul, funcionario del Departamento de Estado de Estados Unidos. Luego de un estudio

cuidadoso sobre la denuncia de la violación de un joven palestino de 13 años en una cárcel de Israel en Jerusalén, el ejército israelí allanó sus oficinas, se llevó
todas las computadoras y Tel Aviv declaró a la ONG
como "entidad terrorista".

Recordemos que en las cárceles israelíes hay
9.500 palestinos prisioneros sin proceso debido y por
el criterio de quienes los acusan de publicar imágenes
o denuncias contra la ocupación o por tirar piedras a
los tanques de guerra. En ningún sistema judicial, los
prisioneros menores pueden ser otra cosa que secuestrados.

También la CIA tiene decenas de prisiones secretas alrededor del mundo, a las cuales no se le aplica
ninguna ley del derecho estadounidense o internacional. Menos secreta pero igual de impune, ha sido y es
Guantánamo, el lugar donde se violan todos los derechos humanos en Cuba sin que La Habana o cualquier
otro gobierno del mundo puedan incluir a Washington en la lista de "Estados que promueven el terrorismo".

Stein concluye su carta con algo que no estoy
seguro pueda ser una obviedad, pero sin dudas es un
elemento central en el conflicto: *"Biden podría terminar con TODO esto ahora mismo con una sola llamada*

telefónica. En cambio, nuestro gobierno continúa canalizando armas y dinero en efectivo a Israel".

III
La carta de Jill Stein

Es un horror sobre otro horror. Incluso cuando la puerta de Rafah en la frontera egipcia está bloqueada por tanques israelíes y el cerco se aprieta aún más sobre Gaza, hoy salió a la luz un nuevo y repugnante informe de CNN que expone una prisión secreta en el desierto donde las Fuerzas de Ocupación Israelíes están torturando a detenidos palestinos.

Un gráfico con un titular publicado el viernes 10 de mayo de 2024 dice: "Atados, con los ojos vendados, en pañales: denunciantes israelíes detallan el abuso de Palestinos en un oscuro centro de detención".

Esto es lo que sabemos: tres denunciantes israelíes han presentado detalles y evidencia fotográfica de tortura psicológica y física, incluida humillación ritual y deshumanización, de ciudadanos palestinos encarcelados ilegalmente en el desierto de Negev en Israel.

Los denunciantes describieron la amputación de extremidades de los prisioneros debido a las lesiones causadas por estar esposados constantemente y procedimientos médicos realizados por personal no calificado, mencionando que esta prisión es conocida como "el paraíso del infierno".

Las imágenes compartidas por los denunciantes son demasiado inquietantes para compartirlas aquí. Es un retroceso impactante similar al sufrido por los iraquíes inocentes detenidos en la prisión de Abu Ghraib y torturados a manos de las fuerzas y contratistas estadounidenses, una tortura que quedó expuesta al mundo hace exactamente 20 años y 12 días.

No sabemos el número total de palestinos que han sido recluidos en campos de detención como Sde Teiman. Lo que sí sabemos es que son miles (si no decenas de miles) y que fueron detenidos por el ejército israelí tanto Gaza como en Cisjordania. No sabemos cuántas prisiones secretas más existen y podemos estar seguros de que aún no hemos oído lo peor de los abusos.

Vale la pena repetir que Biden podría terminar con TODO esto ahora mismo con una sola llamada telefónica. En cambio, nuestro gobierno continúa canalizando armas y dinero en efectivo a Israel de manera indiscriminada.

La cobertura diplomática continua e incondicional de nuestro gobierno para estos horrores convierte a nuestro país en cómplice de los crímenes de guerra de Israel.

Paremos las armas y la ayuda para la guerra. Impongamos un embargo a este monstruo. El mundo debe actuar *ahora*.

En solidaridad, Jill Stein

MISTERIOS Y PREGUNTAS DE UN NEO-GENOCIDIO BÍBLICO

En mayo de 2024, la parlamentaria Tally Gotliv dijo en un discurso en el Congreso de Israel: "Estados Unidos amenaza con no enviarnos más misiles de precisión. Tengo noticias para Estados Unidos: ¡tenemos misiles imprecisos! Así que, en lugar de usar un misil preciso para derribar una habitación o un edificio, usaremos misiles imprecisos para derribar diez edificios. Si no nos dan misiles de precisión, usaremos misiles imprecisos".

El ochenta por ciento de Gaza ha sido destruido a fuerza de bombardeos masivos. Miles de personas se encuentran desaparecidos debajo de los escombros. Miles morirán (de hecho, ya están muriendo) de hambre y por enfermedades prevenibles o curables, como lo están reportando los médicos internacionales.

Mientras, se exige que se liberen a los secuestrados por Hamás como condición y "solución definitiva" al conflicto, que es como decir que si alguien secuestra a un miembro de mi familia yo tengo derecho a matar mil o diez mil residentes de su barrio y llamarlos "efectos colaterales". De aquí que uno de los argumentos preferidos, que funciona como justificación de las repetidas masacres, es: "¿Por qué los estudiantes en Estados Unidos no protestan por los secuestrados por Hamás?" Eso sería, se acusa, porque son *antisemitas*, porque son *pro-Hamás*, como han dicho legisladores estadounidenses y el embajador israelí ante la ONU. Se acusa a los estudiantes de sentir más dolor por unas víctimas que por las otras, por lo cual hay que legislar prohibiendo el odio, etc.

Estas acusaciones no pasan la primera prueba de reciprocidad moral, pero la respuesta a por qué protestan los estudiantes es simple:

Protestan no por un hecho consumado el 7 de octubre, sino por una masacre continuada, en curso y sin tregua.

Protestan por la raíz del problema, que se inició generaciones atrás y desde entonces no ha dejado de intoxicar al resto del mundo.

Protestan porque son participes involuntarios y resistentes de algo que consideran inmoral. Su dinero, ese que deben quitarle a su futuro para poder estudiar, aparte de los impuestos de los estadounidenses, no es enviado a la resistencia palestina sino, y de forma sistemática y sin límites, es enviado al ejército israelí para acelerar esa masacre y continua deshumaniza-ción de un pueblo sin derechos siquiera a protestar, como ha quedado demostrado por años.

Protestan contra un apartheid aún más brutal que el de Sudáfrica, como lo han descripto en detalle las víctimas, como cualquiera puede ver en videos testimoniales o leer en reportes de aquellos israelíes y judíos que no han sido deshumanizados por el fanatismo religioso, político y chauvinista que se enseña en las escuelas y en los medios.

Protestan porque han tomado conciencia de que aquello de la democracia y la libertad para todos se parece a la orgullosa frase "*We the People*", donde "people" en la teoría somos todos, pero en la práctica sólo un grupo pequeño en el poder en un sistema servido por esclavos.

Protestan porque 2.500 de ellos han sido arrestados por protestar y ninguno de los grupos anti protestas que iniciaron las confrontaciones en los campuses han corrido la misma suerte.

Protestan porque los están amenazando con listas negras por parte de las grandes empresas.

Protestan porque aquellos que aún no han sido detenidos por protestar ya han sido informados que sus rostros están siendo registrados por cámaras, por los nuevos sistemas de Inteligencia Artificial y por los viejos sistemas de Inteligencia Ideológica.

Protestan porque no los dejan protestar.

¿Israel no tiene derecho a defenderse?

¿Los palestinos no tienen derecho a defenderse?

¿Y los secuestrados?

¿Los secuestrados humanos o los secuestrados sub-humanos?

Actualmente existen 9.500 secuestrados en las cárceles de Israel, detenidos sin proceso debido. Muchos han muerto en esas mazmorras luego de estar recluidos por años. Como lo ha reconocido Jill Stein, se estima que hay decenas de miles de detenidos en cárceles secretas en Israel, torturados, humillados y amputados. La mayoría no son palestinos de Gaza sino cosecha de una larga tradición de detenciones arbitrarias en Cisjordania por parte del ejército israelí. Un gran número de ellos son menores de edad. Algunos militares israelíes han dado testimonio de las violaciones y torturas que se practican en estas cárceles. Otras organizaciones han denunciado violaciones sexuales de menores detenidos, las que luego han sido calificadas por el gobierno israelí de antisemitas o "grupos terroristas".

En esta última escalada de violencia iniciada por el ataque de Hamás el 7 de octubre de 2023 (el último capítulo de una larga historia de ocupación violenta de Palestina, desplazamiento de su población nativa, brutalización, deshumanización y demonización de sus resistencias como "terroristas", historia que lleva varias generaciones) persisten dos grandes misterios:

Preguntas: I

¿Por qué se organizó un festival de música a pocos kilómetros de la frontera con Gaza?

¿La inteligencia más poderosa del mundo no sabía nada de los planes de Hamás?

¿Por qué la frontera más vigilada del mundo dejó pasar a un grupo de milicianos armados hasta matar y tomar rehenes, mientras la reacción tardó varias horas y, cuando se realizó, no evitó los secuestros, sino que mató sus propios ciudadanos con fuego aéreo?

¿No fue este ataque una perfecta y prolijamente diseñada excusa para terminar de "matar a todos los habitantes de Amalek" y ocupar un punto estratégico en nombre del famoso "derecho a la defensa"?

Preguntas: II

¿Por qué la destrucción indiscriminada de Gaza a fuerza de masivos bombardeos a un costo de varios millones de dólares por día ha producido "efectos colaterales" que llevan asesinado a 40.000 inocentes, dos tercios de ellos niños y mujeres, pero supuestamente no ha matado a ningún secuestrado israelí?

¿Por qué Tel Aviv no teme matar a ningún israelí secuestrado cuando arroja bombas que barren con barrios enteros?

¿Tan seguros están de que no hay ninguno de los secuestrados ocultos allí, siendo usados como "escudos humanos"?

¿O es que tampoco ellos importan, porque el objetivo no es su liberación sino la continuación del despojo de los "subhumanos palestinos" por parte de "el pueblo de la luz"?

¿La inteligencia israelí sabe dónde están y no bombardean esos puntos mínimos?

¿Cómo es posible que una de las inteligencias más poderosas del mundo, operando con uno de los ejércitos más poderosos del mundo, sin ningún tipo de restricción técnica o moral, dice haber encontrado túneles vacíos e inexistentes, niños terroristas, pero no puede encontrar ni a uno solo de los secuestrados?

Si todo el bombardeo y destrucción fue hecho sin poner en peligro la vida de los secuestrados, sólo significa que Inteligencia, los militares y el gobierno de Netanyahu saben perfectamente dónde están los secuestrados y dónde están sus captores.

¿Por qué no han ido por ellos y, por el contrario, se han dedicado a masacrar a la población con un equivalente al 7 de Octubre cada semana por más de siete meses?

Creo que no es necesario ser un genio para responder a estas preguntas, pero las respuestas son del todo peligrosas. ¿O también van a criminalizar las preguntas inconvenientes?

LAS MÁSCARAS DEL RACISMO

TODO EVENTO HISTÓRICO se expresa en situaciones concretas, nunca abstractas, lo que produce la ilusión de la especificidad de las fuerzas que lo generan. Nadie ama y odia en abstracto, aunque el objeto de ese amor (una bandera, un símbolo) y de ese odio (otra bandera, otro símbolo) sea el resultado de la afiebrada imaginación tribal y el resultado de una lucha social por los "campos semánticos" y sus valoraciones éticas. Esto ya lo analizamos en el libro *La narración de lo invisible*, 2004.

El odio produce odio y lo distribuye convenientemente hasta lograr confundir a un racista con un indignado. Nadie odia en abstracto. Nadie mata en abstracto. No hay odio sin una víctima concreta. Incluso los pilotos que ven la realidad como un videojuego o los operadores de drones a miles de kilómetros de distancia matan seres humanos concretos y sus perpetuadores son seres humanos concretos que luego se ocultan en mentiras concretas, más allá del guion escrito, como lo hemos visto desde hace por lo menos tres décadas.

Sin embargo, si echamos una mirada lo más am-
plia posible a la historia y tratamos de abstraer esas
fuerzas, esos factores comunes en nuestro tiempo y en
tiempos de Poncio Pilatos, veremos algo más que lo
eventual y específico. Esta idea platónica (la verdad es
esa constante que está más allá del caos de las apariencias visibles) no deja de ser la base de cualquier refle-
xión científica. No otra cosa ha sido la filosofía, de las
ciencias y protociencias, desde la caótica economía
hasta la física cuántica. Como decía un personaje de
Ernesto Sábato, la gracia está en entender que una piedra que cae y la luna que no cae son el mismo fenómeno.

Contrario a las apariencias, no existe el racismo
contra un grupo específico. No existe el racismo específico e inclusivo. Los racistas no odian sólo a una raza,
a una etnia o a un pueblo. Esta confusión es otra de las
clásicas *confusiones estratégicas* que le sirven al racista
para lograr alianzas temporales en favor de su causa.
Puede existir el racismo blanco y el racismo negro, el
racismo semita y el racismo antisemita, pero un racista
es un enfermo de cuerpo y alma y odia a todo aquel
que no pertenece a su raza o a su etnia, esas cosas ima-
ginarias que, como todo lo imaginario suele ser más
poderoso que la realidad. Un racista odia de forma democrática e indiscriminada, aunque cada tanto se

concentre, distraiga y finalmente logre descargar todo su odio en otra etnia específica. Un nazi no odia sólo a los judíos. Un supremacista del Ku Klux Klan no odia solo a los negros. Un antisemita no odia solo a los semitas. Un sionista supremacista no odia solo a los palestinos. Esto no es solo una observación teórica o una definición lingüística. Es algo observable en la historia y en el presente. Si alguien defiende al grupo objeto de su odio, pasa a ser un enemigo y objeto de su odio sin ninguna reserva. Recientemente, el New York Times y CNN identificaron a los promotores de la violencia contra los manifestantes pro-palestinos en las universidades de Estados Unidos. Junto con las turbas pro sionistas había activistas de la extrema derecha antijudía y al menos un conocido antisemita identificado, repartiendo palo a los estudiantes contra la masacre en Palestina, entre ellos estudiantes y profesores judíos. Ejemplos similares sobran. No tengo aquí el espacio para mencionar ni una mínima fracción de esa larga lista.

No, un racista no odia sólo a un grupo específico, aunque la confusión estratégica insista en presentarlo de esa forma. Si el grupo que representa el odio del racista desapareciera de la faz de la Tierra, en cuestión de horas pasaría a descargar su enfermedad sobre otro grupo. A nadie le viene diarrea súbita por pasar por un determinado baño. Cualquier baño le sirve para descargar su incontinencia.

El racismo es, probablemente, una patología evolutiva (tal vez, con algún componente *genético individual* no estudiado como tal, como la psicopatía) que se potencia y se enquista en una cultura con elaboraciones, justificaciones y racionalizaciones. En el siglo XIX esas racionalizaciones supremacistas fueron teorías raciales pseudocientíficas (*genética colectiva*), para justificar el colonialismo, el expolio y las masacres globales de las pulcras democracias noroccidentales. En el siglo XXI, como hace cinco mil años, se trata de una justificación religiosa, articulada por la fantasía mesiánica de cada grupo y liderada por sus miembros más patológicos, que son quienes el sistema político suele seleccionar, casi siempre de forma democrática—aunque nunca libre.

Pero la historia también muestra que, si bien el racismo es una maldición universal, no todos los pueblos lo han ejercido en la misma escala ni con la misma pasión. Aunque no libre de terribles masacres promovidas o justificadas por el racismo, África también provee de muchos ejemplos históricos donde la raza era un detalle irrelevante. Lo mismo podemos decir de varios pueblos nativos americanos. Todos salvajes y subdesarrollados... Nada comparable con el supremacismo genocida que los imperios noroccidentales practicaron a escala industrial. Hubo cultu-ras, hay culturas más enfermas que otras y todas, religiosas o no, son anti humanistas.

Otro capítulo es a quién beneficia el racismo. No es difícil observar, también en la historia y en el presente, que el racismo, como las religiones, son instrumentos de poder de las clases, de las elites en el poder. Es más difícil esclavizar al resto de la sociedad, de la humanidad, si primero no nos convencemos de que somos superiores por nacimiento, que tenemos derechos especiales (a la tierra, a los capitales, a la vida) y que, por lo tanto, exterminar o esclavizar al otro es una "defensa legítima" de ese *derecho*. Es más difícil esclavizar al resto de la sociedad, de la humanidad si, además, el resto de la humanidad no acepta, de forma explícita o implícita, la superioridad del colono, del opresor, de la clase superior: los poderosos, los impunes, son más inteligentes, más hermosos, más buenos y, a la larga, se sacrifican por nuestra prosperidad, como bien lo definió el poema de Rudyard Kipling, "La pesada carga del hombre blanco" que promovió Theodore Roosevelt y se la creyeron casi todos los colonizados. Casi todos, menos los peligrosos rebeldes que fueron perseguidos y crucificados por los soldados de la oligarquía criolla colonial.

Una última. Otra funcionalidad del racismo, como del sexismo, es que, a pesar de ser un instrumento imperial de dominación, tiene la virtud de distraer a sus detractores con reivindicaciones legítimas. La "guerra cultural" (*La narración de lo invisible*) ha silenciado el cuestionamiento al mismo orden al que sirve el racismo. Esto ha sido probado en Estados Unidos primero y luego en otros países: en el siglo XXI, las marchas y protestas contra la violencia racial acallaron la conciencia de los años sesenta: la mayor expresión de racismo es el imperialismo, que es la mayor expresión del sistema global de dominación a través del dios más abstracto que existe, el dinero, cuya religión es el capitalismo.

EL MISTERIO DEL PUEBLO PALESTINO

Los palestinos nunca existieron como pueblo cuando recla-
man sus derechos humanos. Sí existieron como el pueblo
Amalek hace tres mil años, cuando hay que masacrarlos.

LOS PALESTINOS SON GENTE muy rara. Como las partí-
culas subatómicas, según la física cuántica y según los
sionistas, tienen la capacidad de existir de dos formas
diferentes y en distintos lugares al mismo tiempo. Son
y no son.

No existen, pero hay que *"matarlos a todos"*, como
dijo la congresista Andy Ogles en Washington. *"Borren*
toda Gaza de la faz de la Tierra", insistió la congresista
israelí Galit Distel Atbaryan; *"cualquier otra cosa es in-*
moral". El ministro de defensa israelí, Ben-Gvir, fue
claro: *"¿Por qué hay tantos arrestos? ¿No puedes matar a*
algunos? ¿Qué vamos a hacer con tantos arrestados? Eso es
peligroso para los soldados". El ministro de finanzas de
Israel, Bezalel Smotrich, dijo en una reunión televi-
sada de gabinete: *"Rafah, Deir al-Balah, Nuseirat, todos*
deben ser aniquilados" según orden de Dios: *"Borrarás*
la memoria de Amalec debajo del cielo". En diferentes

ocasiones, el primer ministro Benjamín Netanyahu, refiriéndose a los palestinos repitió: *"Debes recordar lo que Amalec te ha hecho, dice nuestra Santa Biblia"*. El profesor de Estudios Judíos Motti Inbari aclaró las palabras de Netanyahu: *"El mandamiento bíblico es destruir completamente todo Amalec. Y cuando hablo de destruir completamente, estamos hablando de matar a todos y cada uno de ellos, incluidos los bebés, sus propiedades, los animales, todo"*. El miembro del Likud Danny Neumann declaró en la televisión: *"En Gaza todos son terroristas. Deberíamos haber matado a 100.000 el primer día. Muy pocos en Gaza son seres humanos"*. El ministro de Patrimonio, Amihai Eliyahu propuso ahorrar tiempo y arrojar una bomba atómica sobre Gaza para cumplir con el mandato divino.

En los primeros siete meses de bombardeos, 40 mil hombres, niños y mujeres han sido destrozados por las bombas, sin contar desaparecidos, desplazados, afectados por la hambruna, las enfermedades, las mutilaciones y los traumas irreversibles. Pero desde Netanyahu hasta el presidente Joe Biden, *"lo que está haciendo Israel no es genocidio; es defensa propia"*. Si un grupo armado responde con violencia (algo reconocido como derecho por la ley internacional), pues se trata de terroristas.

Quienes no se dejan matar son terroristas. Quienes critican la matanza, como los estudiantes estadounidenses, son terroristas. Por eso, en Europa y Estados Unidos, a las protestas contra la masacre en Gaza se las reprime a palos con la policía militarizada, mientras los violentos ataques sionistas y los desfiles nazis son observados con respeto. Porque los poderosos son así de cobardes. Sin poderosas armas, sin medios dominantes y sin capitales secuestrados no son nadie. El brazo duro para el saludo fascista y la mano temblorosa para cuestionar una masacre contra la humanidad de quienes no pueden defenderse.

Según los sionistas, Palestina nunca existió y los palestinos nunca existieron. Cuando, por el acuerdo de los sionistas con Hitler, los palestinos inexistentes debieron recibir a los refugiados del nazismo en Europa, los inexistentes eran la abrumadora mayoría de la población desde el río hasta el mar. Los barcos que llegaban "con buen material genético" según los sionistas, llegaron en barcos con banderas nazis y británicas. Cuando en 1947 el *Exodus*, con 4.500 refugiados se aproximaba a Haifa, el capitán británico les advirtió a sus pasajeros que serían arrestados al llegar, porque el Imperio Británico no permitía la inmigración ilegal. *"Si se resisten al arresto, deberemos usar la fuerza"*. Al llegar a Palestina, los refugiados desplegaron un cartel que rezaba: "*Los alemanes destruyeron nuestras familias. Por favor, no destruyan nuestras esperanzas*". Muchos refugiados permanecieron detenidos, pero un cuarto de millón logró entrar en Palestina, al menos 70 mil de forma ilegal y por la fuerza.

Pronto, una parte (no sabemos qué porcentaje) de las víctimas de Europa se convertiría en los victimarios de Medio Oriente. El plan sionista fue apoyado por una campaña de atentados terroristas en Palestina con bombas que volaron hoteles, estaciones de policía y masacraron cientos de palestinos. Folke Bernadotte, el diplomático sueco que posibilitó la liberación de varios cientos de judíos de campos de concentración nazis en 1945, fue asesinado en Jerusalén dos años después por Leji, grupo sionista que se autodefinía como terrorista y como "luchadores por la libertad". Leji, una facción de otro grupo terrorista, Irgun, había negociado con los nazis alemanes la creación de Israel como estado totalitario aliado al Reich de Hitler. Cuando esta alianza no prosperó, intentaron con Stalin, con el mismo resultado. Uno de los (ex)terroristas de Irgun, el bielorruso Menachem Begin, se convirtió en primer ministro de Israel en 1977. Lo sucedió uno de los (ex)terroristas de Leji, también bielorruso, Isaac Shamir, quien se convirtió en primer ministro de

Israel en 1983. Naturalmente, todos cambiaron sus nombres y apellidos de nacimiento.

Desde antes de la creación del Estado de Israel, los inexistentes habitantes de Palestina comenzaron a ser despojados de sus casas para recibir a los refugiados. Algunos refugiados judíos y algunos inexistentes palestinos se resistieron al despojo y al exilio, por lo que hubo que recurrir a la fuerza, a una forma especial de derecho a la existencia no reconocida al resto de la humanidad y a la ira de un dios impiadoso, temido por el mismo resto de la humanidad. A principios del año 2024, la directora de cine israelí Hadar Morag recordó: *"Cuando mi abuela llegó aquí a Israel, después del holocausto, la agencia judía le prometió una casa. Ella no tenía nada. Toda su familia había sido exterminada. Esperó mucho tiempo, viviendo en una tienda de campaña en una situación muy precaria. Luego la llevaron a Ajami en Jaffa, a una maravillosa casa en la playa. Vio que sobre la mesa todavía estaban los platos de los palestinos que habían vivido allí y que habían sido expulsados. Regresó a la agencia y dijo 'llévame de regreso a mi tienda, nunca le haré a nadie lo que me han hecho a mí'. Ésta es mi herencia, pero no todos tomaron esa decisión. ¿Cómo podemos convertirnos en aquello que nos oprimió? Ésta es una gran pregunta"*.

Algunos de los inexistentes palestinos recibieron a los judíos refugiados cuando ni en Estados Unidos los querían, cuando hasta un presidente como Roosevelt envió de regreso en el St. Louis casi mil judíos refugiados a morir en los campos de concentración de Europa. Cuando en 1948 la ONU creó dos Estados, Israel y Palestina, Israel decidió que ni Palestina ni los palestinos existían, aunque para que ocurriese el milagro cuántico debieron robar sus casas y sus tierras, debieron desplazarlos en masa y matarlos con alegría. Al mismo tiempo que se lamentaban del trabajo sucio que debían hacer. *"Nunca les perdonaremos a los árabes por obligarnos a matar a sus hijos"*, dijo la inmigrante ucraniana y luego primer ministra Golda Meir. *"Los palestinos nunca existieron"*, dictaminó en 1969. *"Fui palestina de 1921 a 1948 porque tenía un pasaporte palestino"*, agregó un año después. Como decir que Alemania es un invento de Hitler y von Papen o que Gran Bretaña es Prusia porque su himno ("Dios salve a la Reina") suena igual que el himno de Prusia ("Dios con nosotros").

Las referencias a los árabes y palestinos como animales o subhumanos no es algo nuevo. Es un género clásico del racismo supremacista sionista que a nadie en el mundo imperial y civilizado ofende. Ese mismo mundo civilizado que no tolera escuchar la palabra

negro, pero no quiere recordar ni reconocer (menos in-
demnizar) los cientos de millones de negros masacrados por la prosperidad de sus pueblos elegidos. Como
hicieron los nazis con los judíos, antes de masacrarlos
sin remordimiento necesitaron deshumanizar al otro.

En 1938, uno de los líderes del grupo terrorista sionista Irgun, el bielorruso Yosef Katzenelson, afirmó:
*"Debemos crear una situación en la que matar a un árabe
sea como matar a una rata. Que se entienda que los árabes
son basura y que nosotros, no ellos, somos el poder que gobernará Palestina".* En 1967, el diplomático israelí David Hacohen afirmó: *"No son seres humanos, no son
personas, son árabes".* En noviembre de 2023, el ex embajador de Israel ante la ONU, Dan Gillerman, declaró: *"Estoy muy desconcertado por la preocupación
constante que el mundo muestra por el pueblo palestino y
que de hecho muestra por estos animales horribles e inhumanos que han cometido las peores atrocidades que ha
visto este siglo".* Pero si alguien nota que esto es racismo
puro y duro, es acusado de antisemita, es decir, de *racista.*

Los palestinos no existen, pero si se defienden, son
terroristas malos. Si no se defienden, son terroristas
buenos. Si se dejan masacrar, son terroristas inexistentes. En Gaza *"cualquier persona mayor de cuatro años es
partidaria de Hamás",* dijo el ex agente del Mossad

Rami Igra a la televisión estatal. "*Todos los civiles en Gaza son culpables y merecen enfrentarse a la política israelí de castigo colectivo, que impide recibir alimentos, medicinas y ayuda humanitaria*". Se le cayó la nota sobre los bombardeos sistemáticos e indiscriminados que todos los días decapitan y destrozan decenas de niños, incluso menores de cuatro años, que vendrían a ser subhumanos, animales, ratas, pero todavía no terroristas graduados.

Israel sí tiene derecho a defenderse, el que incluye cualquier otro derecho humano y divino: derecho a desplazar, derecho a ocupar, derecho a secuestrar, derecho a encarcelar y torturar sin límites a menores de edad de un pueblo inexistente.

Derecho a que nadie critique su derecho.

Derecho a considerarse un pueblo superior, por gracia de Dios y por gracia de su naturaleza especial, de su espíritu superior hasta donde los *goys* nunca llegarán.

Derecho a llorar por las victimas que ocasiona esta superioridad étnica y derecho a llorar por las víctimas que le ocasionan los subhumanos, las ratas humanas.

Derecho a comprar a presidentes, a senadores, a representantes y a jefes de redacción de otros países, como Estados Unidos.

Derecho a arruinarle la carrera y la vida a cualquiera que cometa la osadía de cuestionar algunos de estos derechos bajo la acusación de antisemitismo.

Derecho a masacrar cuando lo considere necesario.

Derecho a matar hasta por diversión cuando sus soldados están aburridos.

Derecho a bailar y celebrar cuando diez toneladas de bombas masacran decenas de refugiados en un campamento lleno de gente hambreada.

Todo porque los palestinos son y no son. Según este cuento supremacista y mesiánico, los palestinos nunca existieron como pueblo cuando reclaman sus derechos humanos. Sí existieron como el pueblo Amalek hace tres mil años, como habitantes de un pueblo que había que desplazar y exterminar "hasta que no quede ni uno" de esos seres ficticios, inexistentes.

Ahora, si no crees este cuento, sólo repítelo una infinidad de veces y entenderás que es la pura verdad. Una verdad que si te atreves a cuestionarla te conviertes en un terrorista, como la mujer de Lot se convirtió en una estatua de sal por su osadía de desobedecer y mirar hacia atrás donde, dicen, Dios estaba masacrando a un pueblo por la orientación sexual de algunos de ellos.

OLIMPÍADAS DE SANGRE

LAS OLIMPÍADAS GRIEGAS ERAN capaces de interrumpir guerras para respetar la sacralidad del evento deportivo. Esa tregua, practicada desde el siglo VIII A.C., se llamaba *ekecheiria*, por la cual tanto los deportistas como los espectadores de naciones en guerra podían viajar seguros a la misma ciudad donde se organizaban los juegos y volver, todo bajo la protección del honor ajeno. Los deportistas y los asistentes solían viajar desde lo que hoy son Grecia, Turquía, Italia e, incluso, desde el norte de África, distancias que para entonces eran más largas y costosas de lo que hoy puede ser un viaje de Tierra del Fuego o de Jakarta a París.

Antes de convertirse en otro producto comercial en nuestra civilización capitalista, la diosa de los juegos olímpicos eran Nike, o *victoria*, grito de Maratón antes de caer muerto por su esfuerzo heroico. La *ekecheiria*, la tregua, la suspensión de todas las guerras estaba dedicada a Irene (Eirene), la diosa de la Paz y hermana de Dike, diosa de la justicia. Los artistas griegos solían representarla como una joven hermosa con el niño Pluto sostenido en su brazo izquierdo, a pesar de que Pluto no era su hijo. Como la estatua de

la libertad de Nueva York, Irene también tenía una co-
rona y, en su brazo derecho, levantaba una antorcha.
Antes de convertirse en un nuevo mito (el mito capitalista de la *libertad de apropiación*) este gesto y el
mismo concepto de *libertad* tuvo un significado muy
diferente al actual y, por miles de años, fue más o menos el mismo en diferentes culturas de diferentes pueblos y continentes: era el gesto del gobernador
generoso que se asomaba ante el pueblo para anunciar
que en ese momento histórico, las deudas de los de
abajo quedaban anuladas. Este gesto no era simplemente un acto de generosidad, sino una necesidad
existencial para la continuación del funcionamiento
de una sociedad estancada, en declive. De ahí la idea
de *libertad*, ya que muchos esclavos y no esclavos no
eran libres por sus deudas, exactamente como hoy en
día. Como lo explicó el gran economista estadounidense experto en deudas, Michael Hudson, la frase "*Señor, perdona nuestros pecados*" procede del más antiguo
y repetido reclamo de "señor, perdona nuestras deudas", que se encuentra incluso en la Biblia—cuando es
traducida sin los dogmas religiosos del momento.

El Pluto que sostenía Irene, la diosa de la paz, era
(o es) el dios de la riqueza, lo cual, para un mundo
antiguo, tenía sentido: de la paz surge la prosperidad.
Por una trágica ironía, hoy las llamadas democracias

son plutocracias, es decir, son la expresión del poder de los ricos y son éstos quienes multiplican sus riquezas con cada guerra. Para los inversores capitalistas, la renta de la paz es poca y es lenta.

Luego de 2700 años, finalmente, nos hemos civilizado y las cosas son diferentes. Pluto creció y asesinó a Irene, lo que explica la abolición de la *ekecheiria* en los Juegos Olímpicos y en cualquier otro gran evento deportivo como los mundiales de fútbol. En 1992 se intentó revivir esta tradición antigua y las Naciones Unidas aprobaron una resolución que, como muchas de sus resoluciones sólo se aplican cuando benefician o no molestan a los matones del barrio.

Ahora, los grandes eventos deportivos, no sólo las olimpíadas, siempre estuvieron marcados por la política mayor. Algunos casos ocurridos en el último siglo son recordados por los libros de historia más por sus traiciones políticas que por los logros deportivos.

Luego de ganarlo todo, Uruguay se negó a participar en el mundial de fútbol de Italia 1934, como protesta a la arrogancia europea que se quejó de que el primer mundial organizado por Uruguay estaba muy lejos del centro, lo que me recuerda a la broma que a veces me hacía mi querido padre: *"mejor vení vos, que estás más cerca"*. Uruguay había viajado a las olimpiadas organizadas en Europa en París 1924 y Ámsterdam

1928 y las había ganado las dos, cuando por entonces esos eran los torneos mundiales de fútbol donde cada país enviaba los mejores, no equipos alternativos o con límites de edad, como hoy.

Para Francia 1938, Uruguay volvió a protestar porque los europeos decidieron romper la promesa de un mundial en cada continente (la sede le tocaba a Argentina, donde hasta hoy Uruguay es siempre favorito), y para respetar el boicot contra el fascismo, por entonces liderado por Hitler y Mussolini. Además, Uruguay fue la primera selección que competía en torneos internacionales con un jugador negro, lo que no dejaba de ser una declaración ética y política que incomodaba a muchos, incluso a algunos países latinoamericanos.

No por casualidad, Italia volvió a ganar ese mundial hasta que se suspendieron por la guerra y, cuando se reiniciaron en Brasil, Uruguay volvió a ganarlo con el famoso maracanazo, mito nacional que forma parte del ADN psicológico de aquel pequeño y despoblado país.

Algo similar se puede decir de la copa del mundo Argentina 1978. Uruguay no participó no por razones políticas, sino por su propio fracaso en las eliminatorias —aunque la negativa de citar a sus mejores jugadores del extranjero para las eliminatorias pudo deberse a la misma dictadura militar de entonces, pero esto es solo una nota para los expertos en la historia del fútbol.

La copa del mundo del 78 fue un regalo para el genocida Rafael Videla, quien no escatimó presionar a sus propios jugadores en los entrenamientos, a selecciones extranjeras (como la de Perú) y de apresurarse a salir en la foto cuando Argentina logró su primera conquista mundial, un logro muy diferente al de 1986. Fue una fiesta político-deportiva en medio de las matanzas y desapariciones de un régimen fascista que usó el campeonato como Mussolini había usado el Mundial del 34, Hitler las Olimpíadas de 1936 y, en 1938, el Mundial de la FIFA, tipo *Die Europa über alles*—Europa, sobre todo, Europa primero.

Algo similar dirán los historiadores de las Olimpíadas de París 2024. Serán recordadas como las olimpíadas del genocidio, con distintos nombres. Ninguna de las guerras en curso ha provocado ninguna *ekecheiria* (tregua), sino todo lo contrario. En la era de los medios, los poderosos esperan siempre alguna gran distracción mundial para cometer sus peores atrocidades. Como en el caso de los años del nazismo y del fascismo, el único efecto consistió en marginar a quienes no eran los favoritos del poder político central, como Rusia, e invitar a participar a Israel, en medio de uno de los peores genocidios de las últimas generacio-

nes, con el agravante de que no sólo está fundamen-
tado en el racismo explícito, indisimulado (no sin paradoja, es en los deportes donde podemos observar la
mayor resistencia al racismo), sino que es cometido
con las armas, el dinero y la bendición mediática del
mismo centro hegemónico que, como en tiempos de
la esclavitud, se golpean el pecho definiéndose como
los campeones de la Democracia, la Libertad y los Derechos Humanos.

Tres categorías morales en las cuales no llegan a
ninguna medalla —pero se las cuelgan igual.

EL IMPERIO DE LA NEGACIÓN
CIERRA LOS OJOS Y CREE

—Profesor —me dijo un estudiante— juéguesela y diga quién va a ganar mañana.

—Trump.

Ya lo había dicho en varios medios, pero no me interesa la política partidaria en mis clases.

—Según todas las encuestas gana Kamala. ¿Por qué habría de perder?

—Por Gaza. No se puede tapar el sol con un dedo.

Horas después de conocer los resultados de las elecciones, las mayores cadenas, desde CNN hasta Fox News, comenzaron a digerir el triunfo de Donald Trump. Las figuras más conocidas parecían estar de acuerdo en que había tres temas que habían golpeado a los demócratas: 1, La economía; 2, La crisis migratoria; 3, el conflicto en Medio Oriente.

En otras palabras, el bolsillo, el racismo y la moral. En los tres puntos vemos la fabricación de ideas y sensibilidades de la propaganda de esos mismos medios:

1. La economía doméstica no está bien, pero veamos que esto no se debe a un gobierno en particular sino a un problema estructural mucho mayor que va desde la corrupción legalizada de las corporaciones que lo han comprado todo (políticos, medios) para continuar acumulando la riqueza (plusvalía) que le han venido secuestrando a la clase media y trabajadora. Desde 1975, la clase trabajadora ha trasferido 50 billones de dólares (dos veces el PIB de China) al uno por ciento más rico.

El otro factor económico es la pérdida de hegemonía y poder de dictar de Washington en el resto del mundo, lo cual no sólo ha agravado su natural agresividad, sino que se ha encontrado con una competencia que no acepta. Pero si nos limitamos a las administraciones de turno, veremos que el periodo en que Trump fue presidente, el PIB creció menos que durante el período de Biden. Cierto, hubo una pandemia, pero el mismo argumento aplica cuando se alaba el precio del combustible más bajo en el período anterior, debido a la drástica reducción de la circulación viaria.

2. Existe un *problema* migratorio en la frontera sur, pero no una *crisis*. Eso es una fabricación mediática, alimentada por los políticos que se benefician de la demonización de los más débiles que no votan y ni tienen lobbies para presionarlos y comprarlos. Por regla general, los inmigrantes ilegales ni son criminales ni incrementan la criminalidad, sino que la reducen. No viven de los servicios del Estado, sino que aportan impuestos al consumir y al cobrar sus salarios, con el pago de impuestos que nunca reclaman sino que van a la Seguridad Social para beneficio de alguien más. No le roban el trabajo a nadie, sino que hacen el trabajo que los ciudadanos no quieren hacer y de esa forma lubrican la economía para que continúe funcionando.

Según Trump, "los inmigrantes ilegales son criminales que están entrando sin control". Amenazó a México con aranceles altos si no detiene el tráfico de drogas, sin mencionar que su país es la raíz del problema, no sólo en el consumo sino también en la distribución de la droga y de armas. Como está documentado, los criminales, genocidas y terroristas viven libres y legales en Florida y son poderosos donantes de su partido político.

3. Si bien los estadounidenses suelen votar con el bolsillo, una parte que (aunque minoría, se cuentan en algunos millones) votamos con una fuerte convicción moral. Este ha ido el caso del genocidio en Gaza que los demócratas han tratado de silenciar para no hablar de las armas y las decenas de miles de dólares que enviaron en solo un año a Israel para masacrar decenas de miles de niños bajo la retórica de "Israel tiene derecho a defenderse" o, como respondió Bill Clinton, "porque el Rey David estuvo allí hace tres mil años".

O la candidata Harris, silenciando cada pregunta sobre Gaza con la misma arrogancia nasal: "Estoy hablando yo". El gobierno ha ignorado las numerosas protestas estudiantiles, reprimidas con violencia, las multitudinarias marchas urbanas, de camioneros…

Luego, cuando aparece el voto castigo, los mismos medios que habían invisibilizado la masacre en Gaza quisieron explicar la catástrofe electoral recurriendo a lo mismo: *relegando el tema moral a una tercera posición y hablando de "crisis en Medio Oriente", evitando decir Gaza, Palestina y genocidio*. Ni siquiera *masacre*.

Este genocidio se está convirtiendo en una metástasis en Medio Oriente, una parada más en el Anillo de Fuego (Ucrania, Siria, Palestina, Irán, Taiwán) producido por la fricción del Macho Alfa de Occidente que intenta rodear al Dragón que ya se despertó.

En lugar de negociar y beneficiar a sus pueblos con una cooperación global, el Macho Alfa va detrás de eliminar la competencia. Esta metáfora proveniente de la manada liderada por un lobo macho, ahora por los ideólogos de la derecha. Olvidan que cuando el macho alfa envejece y se enfrenta a uno más joven termina en un conflicto mortal.

En 2020 los demócratas ganaron Wisconsin y Michigan, dos estados con una fuerte presencia de población árabe. Ahora, los republicanos ganaron en los dos. Sin embargo, la representante de origen palestino, Rashida Tlaib (Michigan) retuvo su banca con el 70 por ciento de los votos e Ilhan Omar (Minnesota) lo hizo con el 75 por ciento.

Más que un voto por Trump (quien había perdido las elecciones cuatro años antes por alguna razón) fue un voto contra Harris y los demócratas. Un voto indignado y sin esperanzas. Este sistema electoral es una herencia de la esclavitud y el sistema político-mediático ha sido comprado por las corporaciones tecnológicas y financieras, que son las que gobiernas este país. Larry Fink, el CEO de BlackRock (financiera que administra tanto dinero como cinco veces la economía de Rusia), lo dejó claro: "*no importa quién gane; Harris o Trump serán buenos para Wall Street*".

Es un saco de fuerza: el dinero pasa de los partidos a los medios para publicidad y promoción. Es decir, con el mismo dólar se compra a políticos y a medios de prensa en dos momentos diferentes. Los presidentes se encargan del circo. Se encargan de mantener las pasiones encendidas, sobre todo las pasiones raciales y de género. No existe otra estrategia mejor para invisibilizar los problemas de clase social. El racismo es la forma más efectiva de invisibilizar el profundo problema de clases sociales que tenemos, incluida su traducción global, el imperialismo.

Por fin tendremos un presidente convicto de la justicia (34 causas), quien se jactó de ser listo por no pagar impuestos. Claro que con ser listo no basta. Es necesario tener al pueblo embrutecido con divisiones identitarias, con individuos *alienados* por las mismas tecnológicas que dominan la economía, la política y la geopolítica.

Algo que no es difícil en un pueblo acostumbrado a creer por encima de los hechos. Un pueblo entrenado en las iglesias para cerrar los ojos y *reemplazar la realidad con el deseo* hasta que la realidad cambie. Porque para la mentalidad religiosa, la realidad narrativa importa más que la factual: *"En el principio era el verbo…"*.

De ahí a aplicar las mismas habilidades intelectuales y convicciones al salir de un tempo para ingresar en otros (bancos, bolsas de valores, televisión, partidos políticos) hay solo un paso. A veces ni siquiera eso.

LOS MEDIOS JUSTIFICAN LOS FINES II

EL 9 DE ENERO DE 2025, DÍAS después de rechazar un anuncio pago denunciando el genocidio en Gaza por usar la palabra "genocidio", el New York Times publicó *"Los historiadores condenan el "escolasticidio" de Israel. La pregunta es por qué."* La Asociación de Historiadores de Estados Unidos había votado por mayoría abrumadora la condena del bombardeo y total erradicación de escuelas y universidades en Gaza, aparte del asesinato de profesores y estudiantes bajo toneladas de bombas. El artículo destacado cuestionó las razones de la condena y acusó a las universidades de estar *politizadas*.

Días antes, CNN, la cadena anti-Trump, reflexionó sobre sus propuestas expansionistas: *"Trump está lidiando con cuestiones de seguridad nacional; debe afrontar un mundo nuevo moldeado por el ascenso de China... Las reflexiones de Trump sobre la terminación del Tratado del Canal de Panamá muestran la preocupación por la invasión de potencias extranjeras en el hemisferio occidental. No es nuevo: ha sido un tema constante en la historia, desde la Doctrina Monroe de 1823, cuando los colonialistas europeos eran la amenaza. El problema perduró durante los temores comunistas de la Guerra Fría. Los usurpadores de hoy son China, Rusia e Irán…"* Invasión, amenaza, usurpadores… El mismo periodismo hipócrita de siempre, funcional a la barbarie genocida y cleptómana del poder.

Para América Latina, los usurpadores fueron siempre los Estados Unidos. Fue un periodista, John O'Sullivan, quien creó el mito del Destino Manifiesto para justificar el despojo y masacre de los pueblos nativos al Oeste y al Sur, como siempre basado en el amor de Dios por una etnia—por el dueño del cañón. En 1852, O'Sullivan escribió: *"Este continente y sus islas adyacentes les pertenece a los blancos; los negros deben permanecer esclavos..."*

Cuando el presidente James Polk logró una excusa para invadir México y robarle la mitad de su territorio, lo hizo provocando un ataque de falsa bandera. *"Es hora de expandir la libertad a otros territorios"*, dijo, refiriéndose al restablecimiento de esclavitud en un país que la había ilegalizado. Sus soldados y generales, Ulyses Grant, Zachary Tylor y Winfield Scott reconocieron la farsa. El general Ethan Hitchcock escribió: *"No tenemos ningún derecho de estar aquí. El gobierno nos ha enviado para provocar a los mexicanos y de esa forma tener un pretexto para una guerra que nos permita tomar California"*.

La nueva prensa masiva de entonces, gracias al invento de la rotativa, fue el principal instrumento de *fakes news* que lanzó a miles de voluntarios a invadir México y, como lo reportaron generales como Scott, a matar, robar y *"violar a las mujeres delante de sus propios hijos y esposos"*.[8] Al parecer, Estados Unidos no estaba enviando sus mejores hombres. El 16 de junio de 2015, Trump fue celebrado al iniciar su campaña presidencial afirmando que *"México está enviando gente con problemas... Son violadores sexuales"*.

Cuando en 1846 Polk supo de un incidente menor en territorio mexicano, corrió al Congreso e informó: el invasor *"ha derramado sangre estadounidense en territorio estadounidense"*. Lincoln, que se había opuso a la guerra (Ulysses Grant la llamaría "la guerra podrida"), tuvo que retirarse de la política por años. Nada más efectivo para silenciar la crítica que el patriotismo belicista.

Lo mismo ocurrió por 150 años. El mito del hundimiento de *El Maine* en Cuba fue inventado por la prensa amarilla, negocio de Joseph Pulitzer y William Hearst. Años después, el magnate de los medios Hearst

---

[8] Majfud, Jorge. *La frontera salvaje: 200 años de fanatismo anglosajón en América latina*. Rebelde Ed., 2021.

defendió a Hitler y acusó a F.D. Roosevelt de comu-
nista. La prensa presentó a Hitler como un patriota,
como ahora presenta a Netanyahu como un instrumento del Dios.

En 1933, el general más condecorado de su generación, Smedley Butler, publicó: *"La bandera sigue al
dólar y los soldados siguen a la bandera... Nuestras guerras han sido planeadas por el capitalismo nacionalista.
He servido en la Marina por 33 años siendo el músculo de
Wall Street y de los grandes negocios... He sido un mafioso
del capitalismo..."* No lo pusieron preso por su delito
de opinión (como fue el caso del candidato socialista
Eugene Debs por oponerse a la Primera Guerra); se
echó mano a un recurso más común: se desacreditó al
héroe militar como alguien con problemas psicológi-
cos.

También Johnson y Kissinger invirtieron millones
de dólares en la prensa para apoyar la guerra genocida
de Vietnam con bombardeos masivos y armas quími-
cas. Para entonces, la Operación Mockingbird de la
CIA ya había inoculado a los mayores diarios de América Latina con *fake news* y editoriales escritas en
Miami. Lo mismo hizo con los medios de Estados Unidos, con libros, críticas literarias y películas. La policía
ideológica benefició a las grandes compañías, mientras dejaban cientos de miles de masacrados sólo en

América Central, todo en nombre de la *seguridad nacional* que produjo una estratégica inseguridad.

Antes de lanzarse la masiva invasión de Irak en 2003 (la que dejó un millón de muertos, millones de desplazados y un Medio Oriente en caos), publicamos en los diarios de países marginales sobre la ilógica de la narrativa que la justificaba. Pero la gran prensa hegemónica logró convencer a los estadounidenses de que los tambores de guerra decían la verdad. El New York Times tomó posición a favor de la invasión como un acto patriótico y de "seguridad nacional". Otra vez, en nombre del patriotismo, se censuró por ley (*Patriot Act*) y por acoso social a todos los críticos. Los medios no podían mostrar las imágenes de los soldados retornando en ataúdes. Mucho menos los cientos de miles de civiles iraquíes masacrados por esta cobardía colectiva que solo dejó ganancias a los mismos mercaderes de siempre.

Años después de que George W. Bush y su marioneta, el presidente español José María Aznar reconocieron que las razones para la invasión eran falsas ("error de inteligencia"), la mayoría de los consumidores de Fox News continuaban creyendo en la mentira desmentida por sus propios perpetuadores —desde niños fueron entrenados para creer contra toda evidencia como si fuese un mérito divino.

Los grandes medios que se venden como *indepen-dientes* y *salvaguardas de la democracia*, dependen no solo de un puñado de millonarios anunciantes sino de miles de millones de dólares que las corporaciones y lunáticos como Elon Musk donan a los partidos polí-ticos. Un negocio perfecto: *con el mismo dólar que se compran a los políticos en campaña, se compran a los me-dios que los promueven*. Los medios son parte de esa dic-tadura plutocrática y su trabajo (que no es diferente al de los sacerdotes que daban sermones en las iglesias y catedrales financiadas por los nobles) consiste en in-ventar una realidad contraria a los hechos, cómplice con el gran poder del dinero, del imperialismo y del racismo. Todo en nombre de la democracia, la Ley in-ternacional y la diversidad.

Como lo formulamos en $P = d.t$, Occidente radica-lizará la censura a los críticos por la simple razón de que su *poder* declina y su *tolerancia* también. Desde la Grecia clásica, la libertad de expresión ha sido un lujo de los imperios que no se sienten amenazados por nin-guna crítica.

BOMBAS CON MUCHO AMOR

Nikki Haley llegó a Israel el domingo 26 de mayo de 2024, un día antes de la masacre de Rafah—una de entre muchas en los meses anteriores. Según los titulares de los medios, Nikki viajó en carácter oficial con un propósito humanitario.

Antes de tomarse un momento de descanso, visitó las armas que su país, Estados Unidos, provee al gobierno de Benjamín Netanyahu. El último cheque, votado semanas antes en el Congreso de Estados Unidos fue por 27 mil millones de dólares. 1,5 veces la economía total de toda Palestina.

Gracias a esta nueva ayuda que se suma a la transferencia anual de casi cuatro mil millones de dólares, Israel pudo acelerar la masacre de hombres, niños y mujeres en Gaza, la mayor prisión del mundo y de la historia. Claro que quienes llaman a esto masacre o genocidio son antisemitas, por lo cual es necesario aclarar que en realidad se trata de "El legítimo derecho de Israel a defenderse contra quienes quieren atacar a Israel y no reconocen su derecho a la existencia".

En los últimos meses Netanyahu y sus colaboradores, con el apoyo (firme, cómplice, convencido) de la mayoría del pueblo de Israel, llevan matando 40.000 de estos prisioneros (aproximadamente la mitad de ellos niños; mutilando y traumatizando de por vida a más de un millón de habitantes sin derecho a la defensa) a los que consideran animales o subhumanos que no merecen vivir. Si alguien no está de acuerdo en matar a todos los palestinos, automáticamente es catalogado de racista. Si fueran perros y gatos, serían condenados por crueldad animal. Pero no, los palestinos/árabes "son ratas", como lo definieron los miembros fundadores de los grupos terroristas que fundaron esta mentalidad racista y supremacista, como Irgun y Leji antes de que la ONU inventara el Estado de Israel: "*Debemos crear una situación en la que matar a un árabe sea como matar a una rata. Que se entienda que los árabes son basura y que nosotros, no ellos, somos el poder que gobernará Palestina*", hasta más recientemente, el ex embajador de Israel ante la ONU, Dan Gillerman, según el cual los palestinos "*son animales horribles e inhumanos*".

En las fotos se pudo ver a Nikki, siempre tan preocupada por los valores de la familia, escribiendo en una de las bombas que se usaron horas después para matar a decenas de niños inocentes:

"*Acaba con ellos. USA ama a Israel. Por sempre.*
Nikki Haley"

Nikki Haley (nombre de nacimiento Nimarata Nikki Randhawa, hija de padres inmigrantes de India)
fue gobernadora de Carolina del Sur y la segunda candidata más votada a la nominación para la presidencia
del Partido Republicano. Hasta ayer candidata a inte-
grar la fórmula Trump-Haley para las próximas elecciones. En 1996, la joven Nimarata Randhawa se casó
con el soldado y hombre de negocios Michael Haley y
luego se convirtió al cristianismo, la religión del amor.

¿TERRORSTAS?

NOVIEMBRE DE 2019. Uno de los miles de niños secuestrados por el ejército de Israel. Actualmente, 9.500 palestinos son prisioneros en las cárceles de Israel sin el proceso legal debido por delitos como insultar, publicar fotos, comentarios en las redes sociales o arrojar piedras a los tanques de guerra. Desde hace décadas, diversas organizaciones internacionales (como Josh Paul, ex funcionario del Departamento de Estado de Estados Unidos) han denunciado el abuso y las violaciones sexuales de palestinos en las prisiones de Israel, un gran número de ellos menores de edad. Las organizaciones denunciantes fueron calificadas de *terroristas*.

LOS INCIVILIZADOS PUEDEN APRENDER A CULTIVAR LA TIERRA

"Uruguay pretende 'traer algunos jóvenes palestinos de Cisjordania' para formarlos en agricultura a través de programa de FAO, dijo Lubetkin"
(Canal 12, Uruguay, 6 de junio de 2025)

EL LUNES 12 DE MAYO DE 1919, el ministro de Guerra del Reino Unido, futuro ministro y héroe de la Segunda Guerra Mundial, Winston Churchill, refiriéndose a su propia práctica de gaseo de manifestantes y rebeldes árabes, escribió:

"No entiendo esta reticencia al uso de gas. En la Conferencia de Paz, hemos adoptado la postura definitiva de defender su mantenimiento como método de guerra permanente... Estoy firmemente a favor del uso de gas venenoso contra tribus incivilizadas. El efecto moral debería ser tan positivo que la pérdida de vidas se reduzca al mínimo. No es necesario utilizar solo los gases más mortíferos: también se pueden utilizar gases que causan grandes inconvenientes y siembran el terror..."

De los hindúes dijo que eran animales que adoraban elefantes. Consecuente, fue responsable directo y consciente de la hambruna que mató millones de personas en Bengala, en 1943, poco antes que firmase un acuerdo de alianza con Stalin en Irán para luchar contra el nazismo.

Estas palabras del héroe británico y defensor de la libertad y los Derechos Humanos, estas ideas y acciones supremacistas por entonces no eran una novedad ni provocaron ningún escándalo. El racismo supremacista y mesiánico, como el *Destino manifiesto* de O'Neill y *El sacrificio del hombre blanco* de Kipling que en el siglo XIX justificaron y promovieron matanzas de "pueblos incivilizados" y de "razas inferiores" fueron el antecedente de Hitler y el nazismo. Hitler le plagió párrafos enteros a Madison Grant para *Mi Lucha* y le agradeció la inspiración. La popularidad del nazismo en países como Inglaterra y Estados Unidos era profunda y extensa, sobre todo entre los empresarios ricos y entre políticos poderosos, hasta que comenzaron a perder la Segunda Guerra y, de repente, los criminales nazis fueron apenas un puñado de locos, no una masa cómplice y cobarde de hermosos y superiores civilizados con amnesia súbita.

Cien años después la historia de suprimir incivilizados, razas inferiores, pueblos maldecidos por Dios, es mil veces peor y, como entonces, parece que no es para tanto. Pero también es mil veces superior la información disponible en tiempo real, por lo cual también la responsabilidad y la vergüenza (o desvergüenza) se multiplican por mil.

Actualmente, Uruguay es uno de esos ejemplos que no alcanzan a ser trágicos por el solo hecho de su incapacidad militar y propagandística de hacer tanto mal. No porque seamos un pueblo superior, como su gobierno tan amablemente insiste en dejarlo en claro con su propio ejemplo. Lo cual no nos exime de la vergüenza por la cobardía de la negación o los titubeos morales ante los hechos más trágicos de la historia contemporánea. Cobardía y negación de la cual se eximen aquellos miles de uruguayos que no se inclinan temblorosos ante los fascistas de turno, esos que aterrorizan con total impunidad de derecha a izquierda—en ese orden.

Luego de que el presidente de Uruguay Yamandú Orsi se negó a la petición de su partido (la coalición de izquierda Frente Amplio) a definir las matanzas en Gaza como *genocidio*, se defendió diciendo que lo suyo son las acciones, no las palabras, y que prefiere no hablar sobre "la guerra" y aportar "soluciones concretas", como enviar leche en polvo y arroz a Gaza… La embajada de Israel en Uruguay calificó la crítica del Frente Amplio al genocidio en Gaza como "expresiones de odio disfrazado" y advirtió de "consecuencias peligrosas". La B'nai B'rith calificó el breve comunicado del FA como "gravísima falta moral".

Debido a la previa crítica de artistas y militantes de la izquierda a los titubeos de su propio gobierno, el presidente volvió a intentar apagar el fuego con más combustible. En una nueva declaración a los diarios, dijo que condenaba la "escalada militar" y que la ofensiva de Netanyahu "alimenta el antisemitismo" y genera "hartazgo" en "sectores importantes" del pueblo israelí.

Es bastante obvio que el genocidio sionista puede alimentar, entre otras cosas, el antisemitismo, ya que han sido desde siempre los mismos sionistas quienes, por razones políticas, geopolíticas e ideológicas se encargaron de confundir e identificar estratégicamente sionismo con judaísmo (como identificar al KKK con el cristianismo), por lo cual hasta los cientos de miles de judíos que se oponen activamente a las matanzas de palestinos y al apartheid en Israel pueden terminar siendo víctimas responsabilizadas por algo que condenan.

¿Pero qué hay de los cientos de miles de palestinos masacrados, mutilados, traumatizados y hambreados? ¿No son ellos las víctimas directas del odio y de la violencia que insiste que "en Gaza no hay inocentes, ni siquiera los niños", por lo cual se justifica exterminarlos antes que se conviertan en "terroristas"? ¿No serán los colonos europeos que dicen ser descendientes de un hombre llamado Abraham que vivó hace 4.000 años en lo que hoy es Irak, los verdaderos antisemitas? Un hombre que primero tuvo un hijo con su esclava a petición se su esposa infértil. Pero el hijo de Abraham y la esclava produjo el linaje de los árabes. Como algo salió mal, Sara tuvo su hijo a los 90 años por milagro del Señor, el que produjo el linaje de los israelíes (según la misma tradición que identifica a aquellos israelíes de hace 3.000 años con los actuales) una versión mejorada de la raza de su hermano. Pero dejemos esta línea surrealista de razonamiento que es sólo obvia para los fanáticos en trance perpetuo.

La sola idea de enviar leche y arroz a Gaza bajo el lema de "acciones y no palabras" oculta la profunda ignorancia de lo que ocurre con la ayuda humanitaria en Palestina o, más probablemente, el negacionismo y un conocido temor a criticar al poderoso que está cometiendo un genocidio —digamos *masacre*, para no ofender la sensibilidad de los asesinos y sus apologistas.

Claro, si lo mencionas, el argumento automático es "no te he visto condenar el ataque del 8 de octubre". Lo cual es falso y paradójico, ya que siempre es dicho por quienes jamás condenaron ni condenarán las

repetidas masacres y violación sistemática de Derechos
Humanos contra los palestinos y otros vecinos desde
la Segunda Guerra mundial, cuando los mismos sionistas, con orgullo, se reconocían como terroristas.

El canciller uruguayo, Mario Lubetkin (ex director
de Comunicación Institucional de la FAO para América Latina) ha salido a apagar el fuego (ahora incen-
dio) de las críticas de sus bases políticas anunciando
planes para permitir la llegada al país de "algunos jóvenes palestinos de Cisjordania" para que puedan for-
marse en agricultura sostenible. En otro programa de
radio afirmó que los jóvenes palestinos podían "pensar
en el día después" convirtiéndose en *entrepreneurs* y
comenzar su propias *start-ups*.

¿El día después de qué? ¿Por qué tenemos que de-
cirles, los amos occidentales, qué deben hacer para ci-
vilizarse, como adoctrinarse y adaptarse al progreso y
sumisión al capitalismo anglosajón? Claro, volver a
exiliaros, lejos de su tierra y de sus propias y soberanas
decisiones como individuos y como pueblo.

Aparte de la conciencia turbia de la cancillería de
Uruguay, muchos no entienden ni imaginan que en
Palestina hay miles de profesionales y académicos bi-
lingües cuyas escuelas y universidades fueron bombar-
deadas hasta los escombros. En Israel los conside-ran

animales de carga y en Occidente creen que pueden enseñarles a plantar olivos.

A principios del 2024 me reuní con encargados de Asuntos Internacionales de mi universidad en Estados Unidos para proponerles la creación de "becas humanitarias" para estudiantes afectados por los conflictos bélicos. Aparte de que la idea fue muy bien recibida, se hundió en la desidia de los donantes. ¡Pero qué buena idea, eso de sacar palestinos de Palestina para enseñarles a cultivar otras tierras! ¿Cómo no se les había ocurrido antes? No se trata de darles una beca a los jóvenes que lo perdieron todo bajo las bombas para que se preparen y den una lucha internacional por la soberanía de su pueblo, sino para que aprendan a cultivar la tierra, otras tierras que no tienen nada que ver con la suya que conocen como la palma de la mano y la han cultivado por miles de años de forma más que sostenible.

¿Dónde está la cantaleta que escuchamos los profesores de Occidente con una frecuencia tóxica sobre la necesidad de "formar líderes mundiales"? Cada vez que en alguna reunión critico este lema colonialista, a muchos les cuesta entenderme.

Desplazar jóvenes palestinos para que aprendan "agricultura sostenible" en Uruguay es tan buena idea que se parece a la de la "Solución final", de la que tanto

hablan miembros del gabinete de Natadasco —y la
mayoría de los israelíes; según una encuesta del perió-
dico israelí Haaretz, el 82 por ciento de la población
apoya la expulsión forzada de los palestinos de Gaza.

CARTA ABIERTA

¿A qué le tienen miedo?

Quienes hoy callan por miedo o por conveniencia, mañana repetirán que siempre estuvieron contra el genocidio. Justo cuando decirlo no sirva para nada, excepto, otra vez, para sus intereses personales.

Señor presidente de Uruguay, Yamandú Orsi,
Señora vicepresidenta Ana Carolina Cosse,
Señor canciller Mario Israel Lubetkin,
Señora ministra de Defensa Sandra Lazo,
Señoras y señores de La Embajada de Dios:

QUIERO PENSAR QUE LOS DERECHOS Humanos, cuando no son una excusa para invadir algún país o para ejercer el poder hegemónico de algún imperio, no tienen ideología partidaria. No obstante, y en base a la dramática historia en Uruguay y en América Latina, creo que es oportuno dirigirme a algunos de ustedes como hombres y mujeres de izquierda que, en su mayoría, solía significar un compromiso, no sólo con las ideas sino con los valores humanistas, aquellos valores que la derecha neoliberal de ayer negaba con disimulo y que hoy su hijo no reconocido, el fascismo, desprecia con orgullo: los valores de igualdad, de justicia social, de solidaridad, de tolerancia a las ideas diferentes y de intolerancia a la moral racista, sexista, clasista e imperialista de los esclavistas de turno.

En Uruguay, en particular los hombres y mujeres de izquierda que resistieron la dictadura hicieron de los Derechos Humanos una bandera innegociable, al punto de ser acusados y despreciados por esto mismo.

Ahora, ¿cuál es la diferencia entre apoyar la dictadura militar en Uruguay y apoyar el genocidio en Palestina? Ambas fueron y son brutalidades imperialistas, pero la segunda es mil veces mayor en muertos, masacrados, amputados, traumatizados, torturados, hambreaos y desaparecidos. La segunda, aparte de ideológica, es profundamente racista y varias veces más antigua.

Canciller Lubetkin: para desestimar una resolución del Frente Amplio, referida al genocidio en Gaza, usted ha resumido el pensamiento y los valores de este nuevo gobierno de izquierda travestida, que cada día abandona más sus ideales en nombre de un pragmatismo que, como siempre, sirve a los ideales de los poderosos: *"Una cosa es la fuerza política, otra cosa es el gobierno; nosotros estamos gestionando el gobierno"*.

¿No le dio un poquito de vergüenza tanta arrogancia para alguien que ni es del FA ni fue electo por el pueblo? A mí me recordó a Nixon cuando decidió remover a Allende porque los chilenos habían votado *"de forma irresponsable"*. La misma arrogancia y desprecio que explica el resto de la tragedia de los palestinos y de muchos otros pueblos sin poderosas agencias secretas.

Interrogada sobre la decisión de Uruguay (de su gobierno) de comprar armamento de Israel, la ministra Sandra Lazo respondió, con obviedad: *"Le vamos a comprar (armamento) a los que generen mejores precios y calidad. Uruguay no tienen enemigos"*. Palabras y filosofía de la neutralidad ante la barbarie, escondidas detrás del pragmatismo pro-business que era la regla en los años 30 para justificar los negocios con Hitler y, más recientemente, con los regímenes fascistas de Pinochet, de Videla y de decenas de otros dictadores mercenarios del viejo genocida imperialismo global. Lo cual, en el caso de una integrante del ex grupo guerrillero y marxista del MPP como usted, no deja de ser una paradoja múltiple.

Hasta ayer nos quedaba una esperanza, pero la vicepresidente Cosse, reconocida por una claridad intelectual que no abunda en los gobiernos de turno, la terminó por rematar, cuando se negó a condenar el genocidio en Gaza, tomando silencios, titubeos y adjetivos del presidente Orsi, reciclando "tremendo" en "tragedia" para no decir nada, para no hacer nada, para no señalar a nada ni a nadie: *creo en la autodeterminación de los pueblos... el pueblo israelí deberá encontrar su camino, como todos los pueblos del mundo, y yo eso lo voy a respetar a rajatabla*".

¿Y el derecho a la autodeterminación del colonizado, de la víctima de apartheid, de las decenas de miles de niños masacrados, de las ejecuciones por diversión, de la hambruna diseñada sin disimulo y cada vez con menos excusas?

¿De verdad esta *izquierda* se siente mejor del lado del supremacismo y de los bombardeos imperialistas?

¿Por qué siempre les tiembla la conciencia cuando se les pregunta algo sobre Israel y respiran aliviados cuando los periodistas vuelven a sus áreas de seguridad, como la pobreza infantil y la corrupción ajena?

¿Qué diferencia a esta "izquierda" latinoamericana de los amables progresistas pro-genocidio y pro-imperialistas de los Barack Obama y de las Kamala Harris?

Cuando trabajaba en Mozambique en compañía de algunos europeos, o de viaje por Alemania, siempre me llamaba la atención que nunca nadie había tenido un padre o un abuelo nazi. En el caso de la dictadura uruguaya, fuimos duros en nuestras críticas contra los colaboracionistas e implacables con quienes participaron en torturas y desapariciones. No así con aquellos que debieron guardar silencio porque sus vidas y la de sus hijos dependía de ello.

No es el caso hoy. Quienes hoy callan por miedo o por conveniencia, mañana repetirán que siempre estuvieron contra el genocidio. Justo cuando decirlo no sirva para nada, excepto, otra vez, para sus intereses personales.

La debilidad moral en este caso es infinitamente peor. Al menos que los políticos, los empresarios y los empleados negacionistas entiendan que sus puestos o sus beneficios dependen de su silencio cómplice. Al menos que sea simple cobardía autoinfligida. Alguna razón habrá que no sean sólo excusas clásicas de genocidas nazis como "ellos son ratas y debemos exterminarlos" y "tenemos derecho a defendernos". O de pro genocidas más recientes, repitiendo con desfachatez moral en la televisión abierta de Uruguay que "en Gaza no hay inocentes", o que "Dios nos dio derechos especiales hace tres mil años" y toda esa dialéctica criminal que los pobres de espíritu que no pertenecen al club veneran en los templos, temerosos de un infierno que no existe, según el mismo creador del Universo.

Los uruguayos, los charrúas europeos como Tabaré (el Guillermo Tell de la Suiza de América), que con alguna razón nos enorgullecemos de la civilidad democrática de sus habitantes, también le hemos dado a América latina, y desde la izquierda, mandaderos como el secretario de la OEA, Luis Almagro. Ahora confirmamos esa nueva tradición de lo que Malcolm X llamaba "el negro de la casa", es decir, el esclavo, celoso guardián de sus amos.

Señores electos y no electos (pero elegidos) del gobierno:

Aunque este gobierno logre ser el más exitoso de la Historia, ni todo el cloro del mundo podrá quitarle la vergonzosa mancha de su posición cómplice ante el genocidio en Palestina.

Les quedará estampado
en la indeleble memoria
de todos los anales
de la historia.

Claro, todos podemos equivocarnos mil veces con ideas complejas, pero no es necesario ser un genio para tener principios morales claros. La neutralidad es el principal rasgo de los cobardes. Una cobardía doble cuando se la quiere justificar con tartamudeos dialécticos.

Llámense un minuto a silencio y reflexionen sobre qué dirían los mejores uruguayos que dio la historia, desde José Artigas hasta Eduardo Galeano, por men-

cionar solo dos. La lista de los peores, hoy en los basu-
rales de la historia, es más larga, pero no recomiendo
tomarla como referencia y mucho menos continuar
ampliándola.

Cómo nos juzgará la historia es demasiado obvio,
pero irrelevante en este momento. Quienes todavía
creen que Dios creó el Universo y la Humanidad y
luego se dedicó a instigar a un pueblo a exterminar a
otros discreparán, pero con fanáticos no hay razonamiento posible.

Lo que importa ahora es actuar en base a los principios morales más básicos, despreciando el miedo a
las listas negras y a los menos negocios. Si algo es solo
conveniente a nuestros intereses personales y sectarios,
seguramente no es moral.

¿Podemos, los humanos de aquí abajo, esperar una
reacción de su parte, aunque sea *too little, too late*?

Julio 2025

HAY ALGO QUE NO SE COMPRA NI SE VENDE, Y POR ESO MOLESTA TANTO

CUANDO ESTADOS UNIDOS TENÍA ESCLAVOS de grilletes, se presentaba como ejemplo de democracia. Aún hoy se insiste en que nunca ha tenido una dictadura.

El *apartheid* de Sudáfrica era defendido por Ronald Reagan como un bastión de la libertad en aquel continente lleno de negros propensos al socialismo, mientras Nelson Mandela ocupaba la lista de "peligrosos terroristas" de Londres y de Washington.

¿Cómo es posible que Israel, otro régimen de *apartheid* según todas las organizaciones internacionales de Derechos Humanos y según muchos israelíes, sea definido como una democracia? Un régimen brutal, con licencia para matar y masacrar a gusto, con todos los billones de dólares extranjeros en armas y alta tecnología, y llorar como si fuese la víctima universal.

¿En qué mente decente cabe que mientras se masacra a decenas de miles de niños se insista que esos y todos los niños que aún sobreviven hambreados, traumatizados y amputados deben morir y, como si esto fuese poco, son adulados por los temblorosos (*temblo-rosos*) líderes de la derecha y de la izquierda mundial?

Tengo una colección de amenazas cobardes (*ba-neos*, listas negras) y ninguna me asusta, pero también tengo la solidaridad de innumerables judíos decentes que no se dejan corromper por esa ideología fanática, racista y supremacista.

Lo repetiré una y mil veces. Pueden matar todos los miles de seres humanos que quieran, pueden ame-nazar a los miles de millones de habitantes de este pla-neta que protestan contra esta barbarie, pero nunca podrán matar la dignidad ajena que los cobardes ge-nocidas, muy bien armados y adulados, nunca tuvie-ron.

La historia les tiene reservada una cámara séptica a la vuelta de la esquina.

www.ingramcontent.com/pod-product-compliance
Lightning Source LLC
Chambersburg PA
CBHW021617270326
41931CB00008B/748